じつは裁判所ってこんな所なんです！

PART 2

私、元書記官ですが

“書きたいこと”まだまだあります！

元裁判所書記官
行政書士
中村 圭一

まえがき

前著の『じつは裁判所ってこんな所なんです！　～裁判所勤務20年書記官の卒業日記～』はかなり反響があり、おかげさまで出版から1か月で重版になりました。

この度、ごま書房新社から再び執筆のお話しを頂き、大変嬉しく、ありがたく思っています。

嬉しい気持ちと同時に、書けるネタがあるのかなとボチボチ書き出してみたら、有る有るー！「まだまだあります！」（笑）。

さて今回は、前回触れられなかった部分、裁判官に関する記述、楽しかった思い出、自分が担当してきた具体的な業務がどうだったか、どんな種類の裁判所があるか、前回あまり触れていなかった最高裁勤務での貴重な体験、頂いたお手紙や実際にお会いして頂いた感想でこういうことも書いて欲しかったと要望があったものについても、書いてみました。

前著では、裁判所でもこういうことがある、裁判所にもこういう人がいるということを知って頂くためにありのままに書き、かなり面白かったとの声をたくさん頂いたのですが、愚痴が多いとのご指摘も一部頂いていたようなので（笑）、今回は愚痴と取られるような記述は大分少なくなっていると思います。

ちなみに、前著で「ありのままに書いた」とはいうものの、結構オブラートに包んで書いていますし、墓場まで持って行かなければいけないような多くの話については、全く記載していません。

前著とはテーマもテイストも変わっていると思いますので、前著と合わせて読んで頂けると、裁判所についてより理解を深めて頂けると思います。

今回も、前著と同様、裁判所関係の方はもちろん、裁判所事務官試験の受験生の方、法科大学院生、司法試験受験生、司法修習生、裁判所と関わる仕事をされている方、裁判員を経験された方、傍聴マニアの皆さんなど、裁判所に関わっている方だけではなく、公務員の方にも読んで頂きたいと思いますが、一番読んで頂きたいのは、裁判所に関係ない生活を送られている皆さん方です。

今回は、裁判所の種類や裁判所で扱う事件の内容などについて、前著よりもより幅広く、かつわかりやすく書いたつもりです。

「裁判所を知るための入門書」的な位置づけとして今回の本をお読み頂けるのではないかと思います。国の司法を担う裁判所のことを少しでも知って頂き、裁判所を身近に感じて頂ければ大変嬉しく思います。

それでは、前著でお話ししていなかった裁判所の世界について、今回も存分にお楽しみください！

２０２３年５月

中村　圭一

まえがき……3

第1章 最高裁ってこんな所なんです！

15名の最高裁判事……16
最高裁のエリート裁判官たち……18
ピリピリします！　会計検査院対応……21
最高裁ってどんな部署があるの？……23
刑事局での貴重な体験……26
頻繁にある所長へのレクチャー……28
政権交代の影響を受ける？……30
東日本大震災対応はどうだった？……32
一日中シュレッダー作業をすることも……34
コラム① 最高裁の庁舎／最高裁が出す刊行物……36

第2章 裁判所でこんな経験もしました！

裁判官の引越しをお手伝い……40
裁判所以外での勤務も……41
大きな組織の醍醐味とは……43
書記官最大の研修「ブラッシュアップ研修」……45
裁判官による勉強会……47
仕事に直接関係ない研修も……48
自主勉強会の講師……49
採用試験の監督……52
トランシーバーを装着して警備……53
救急車を呼ぶことも……54
他の裁判所で尋問することも……56
当事者同士のオフレコ雑談……58
コラム❷ 趣味に没頭できる環境／研修所での楽しい生活／研修講師いろいろ……60

第3章 いろんな種類の裁判所があります！

地方を取り仕切っている庁 ～高裁～ …… 68
一番オーソドックスな庁 ～地裁本庁～ …… 70
専門性が高い庁 ～家裁本庁～ …… 72
本庁より大きな庁も ～大規模な地裁支部～ …… 75
こじんまりしている庁 ～小規模な地裁支部～ …… 77
全国に４３８もある庁 ～簡裁～ …… 79
コラム③ 再任されない裁判官／再任用職員いろいろ …… 82

第4章 これまで私が経験した仕事ってこんな感じでした！

争いごとを解決します！ ～民事立会～ …… 88
預金や給料を差し押さえます！ ～債権執行～ …… 90
借金から解放します！ ～破産～ …… 92
民事事件の受付・司令塔 ～民事訟廷～ …… 94

被告人を裁きます！～刑事立会～……97
成年後見を担当する繁忙部署～後見センター～……98
事件以外の部署もあります！～事務局～……101
コラム④ 親族が有名人！／長距離通勤の強者たち……104

第5章 裁判を扱ったテレビドラマを考察！～「イチケイのカラス」から～

疑問1 裁判官と書記官の部屋は同じなの？……110
疑問2 「裁判官にとって一番大切なことは、話を聞いて聞いて、悩みに悩んで一番いい答えを出すこと」という入間みちお裁判官（俳優：竹野内豊さん）のセリフについて……110
疑問3 弁護士が裁判官になることって本当にあるの？……111
疑問4 入間みちお裁判官（竹野内豊さん）のように裁判官は髭を生やしていいの？……111
疑問5 入間裁判官の決め台詞「職権を発動します！」って本当にあるの？……112

疑問 6 裁判官が現場に赴いて検証することって本当にあるの？……113

疑問 7 「裁判官の赤字が多いと主任書記官が出世できない」って本当なの？……114

疑問 8 入間みちお裁判官（竹野内豊さん）のように法服を着たまま外出することはあるの？……114

疑問 9 「入間みちお裁判官（竹野内豊さん）の一挙一動に、なるべく鈍感でいることを心掛けるように」という川添主任書記官（中村梅雀さん）のセリフについて……115

疑問 10 このドラマのように書記官が2名も法廷に立ち会うことはあるの？……115

疑問 11 入間みちお裁判官（竹野内豊さん）のように法廷でネクタイをしていない裁判官はいるの？……116

疑問 12 最高裁の関係者が裁判所まで来て、裁判長の交代を要求することはあるの？……117

疑問 13 「差し支えます」「お請けします」という言葉がよく出てきますが、本当に使われているの？……117

疑問 14 駒沢部長（部総括判事／小日向文世さん）が作った自費出版の本にランチマップがありますが………118

疑問 15 裁判所と検察庁で野球をしたりするの？……119

疑問16 「裁判官は被告人を裁いているように見えて、被告人が裁判官を裁いている」というセリフについて……119
疑問17 裁判官が「未済」と書かれた決裁箱に入った大量の記録を処理していますが……120
疑問18 入間みちお裁判官（竹野内豊さん）のように裁判官が法壇を下りて、当事者のところに来ることはあるの？……121
疑問19 裁判官が普通に被疑者ノートへ目を通しながら読んでいましたが……121
疑問20 坂間裁判官（黒木華さん）のように、民事を担当するか刑事を担当するか選ぶことはできるの？……122
疑問21 合議事件で、勉強のために本来右陪席の裁判官が裁判長をやってみることはあるの？……122
疑問22 駒沢部長（小日向文世さん）のように、裁判官がかつて裁いた被告人を再び裁くことってあるの？……123
疑問23 裁判官3名が警察署に出向いて、証拠を出すように迫ることはあるの？……123
疑問24 裁判官が被告人の元へ直接接見に行くことはあるの？……124
総括 「イチケイのカラス」のキャストについて……124

第6章 皆が知りたい裁判所ネタいろいろ…

前回反響の大きかった当直……126
有給休暇の使い方……128
どっちがえらいの？　お答えします……130
どういう人が出世するの？……132
理不尽な人事……135
裁判所職員の転身先……138

第7章 最近話題の裁判所ネタいろいろ…

弾劾裁判……144
裁判所のＩＴ化……145
事件記録の廃棄……148
裁判官らしさとは……150
裁判員裁判の今後……152

裁判所の国際化……156
コラム5 メンタルになってしまう人たち／終わることのない不祥事……158

第8章 古き良き時代はこんな楽しいことも…

レクリエーション大好き……166
裁判官と一緒に旅行会へ……168
御用納めと御用始め時の風習……170
かなり多かった飲み会……172
サークル活動もあります……174
プロ野球ファンが多い裁判所……176
給料・ボーナスにまつわるイベント……179
日中唯一の楽しみのランチを満喫……180
所長官舎にお呼ばれ……182
合同県人会や「○○会」も……184

第9章 裁判所に関わる皆さんへのメッセージ

裁判所事務官を目指す方へ……188
法曹を目指す方へ……189
弁護士・司法書士さんへ……191
検察庁で勤務するみなさんへ……193
公務員のみなさまへ……194
現職のみなさんへ……196
コラム⑥ 士業について……198

・**特別付録** 書記官事務における仕事の効率化……204

あとがきにかえて 出版後の反響……221
さらに、あとがきにかえて その後の私……225

第1章

最高裁ってこんな所なんです！

15名の最高裁判事

「人権の最後の砦（とりで）」などと呼ばれる最高裁判所の判事（裁判官）は、15名で構成されています。裁判官出身者はもちろん、検察官出身者、弁護士出身者などの法曹、その他に、元外交官などの行政官、学者などからも選ばれているようです。

裁判官出身者の場合は、前高裁長官など裁判官の中のエリート中のエリートが選ばれますが、例えば検察官出身者の場合は、ちょっと意外かもしれませんが、検事総長など検察のトップを務めた方以外から選ばれているようです。

元最高裁判事の山浦善樹さんが書かれた『お気の毒な弁護士』（弘文堂）という著書がありますが、最高裁判事のこともたくさん記述されており、かなり面白い本です。

いわゆる「マチ弁」と言われる弁護士さんが最高裁判事になった経緯等も書かれており、私も大変興味深く読ませて頂きました。このような形で、最高裁判事を経験された方が最高裁について触れる本は大変有益ですね。

また、この本の執筆をしているタイミングで、元刑法学者で元最高裁判事の故團藤重光（だんどうしげみつ）氏に関するＮＨＫ特集「誰のための司法か～團藤重光　最高裁・事件ノート～」が放映されました。「大阪国際空港公害訴訟」を巡る、最高裁内で見聞きしたことを書いていた同氏のメモ（ノート）が見つかり、その内容についてまとめた大変興味深いものでした。

最高裁がどのような場所なのかがよくわかる名作のドキュメントだったと思います。

最高裁内で勤務をしていても、ごく一部の裁判官や裁判所職員を除けば、これらの最高裁判事と仕事で接する機会はほとんどありません。

最高裁長官が定年退官される際には、最高裁で勤務する職員等もお見送りに行くのですが、私は、その際に一同に並んだ最高裁判事を見たことがあるくらいだったと思います。仕事以外では、ランチタイムで外出している最高裁判事を結構見かけたような気もします。

じつは、地方に勤務している際は、意外と最高裁判事をお見かけする機会がありました。というのも、最高裁判事は、手分けして全国各地の裁判所を視察という形で回っているためです。

一度私が事務局で勤務していた際に、ある最高裁判事が視察に来る機会がありましたが、裁判官以下周到な準備を行い、受け入れる側の裁判官や職員の、その気の遣い方の凄さに驚きました。

最高裁のエリート裁判官たち

最高裁で勤務をしている人のほとんどは裁判所職員ですが、地方から選ばれてきて勤務するエリートもいるものの、その大半は、東京高裁管内からのいわゆる「スリッパ異動」の職員になります。

その一方で、裁判官の場合は、人数もかなり少ないうえに、裁判官の中でも選りすぐられたエリートが集められているようです。そもそも成績優秀な人しか裁判官になれない上に、その成績優秀な裁判官の中のエリートが集まってくるので、とんでもないエリート集団なんだと思います。

この方たちは最初、若いうちに「局付」という形で最高裁勤務をすることが多いようですが、あまりに激務であるため、裁判官の異動周期は3年であるにも関わらず、最高裁での勤務は2年間で、残りの1年間は東京地裁などでゆったりと疲れを癒すような形になっているようです。

とにかく激務で、私の最高裁着任後は、あまりの忙しさに、数週間着任のあいさつができないようなポジションの裁判官もいました。

最高裁での局付としての働き具合、上層部と作ったコネクションなどにより、その後の昇進、課長、局長などのポジションで再度最高裁勤務するかどうかが決まっているようにも見えました。冷静に考えると、かなり熾烈な出世争いですね。

その他に、最高裁の調査官（最高裁判事のサポートをするポジション）や司法研修所の教官などもエリート裁判官が集まっています。

私が関わったそのエリート裁判官たちは、必ずしも性格がいいとか人当たりがいい人ばかりではなく、むしろそのような方は少数派だったかもしれません。ただ、いつも飲みに行くほど仲良くして頂いた裁判官も多く、私は最高裁で出会った裁判官には恵まれていた方でしょう。

具体的には、とにかくお酒が好きな裁判官が多く、激務の後でも飲みに行き、たくさんお酒を嗜むパワフルな裁判官がかなりいました。

特徴的な方としては、かなりオラオラ系の局長や課長、一般職員への配慮もしてくださる温厚な局長、非常に優秀でバランス感覚のある課長や局付などの方がいらっしゃった反面、上の顔色ばかり窺う裁判官などもいました。

とにかく、多種多様な方が多かったですが、あまりの激務のため、心が病んでしまうような裁判官も一部いました。

最高裁で勤務しながらかなり上まで出世をしていく裁判官は、意外にも、どちらかと言えば、オラオラ系のパワフルな方が多かった印象です。

ただ、これだけのエリートの方々を傍から見ることができ、一緒に仕事をする機会はそうあるものではないので、私の人生の中でも非常に貴重な経験になったことは間違いありません。

ピリピリします！　会計検査院対応

最高裁判所では、定期的に会計検査院による実地検査が行われます。会計検査院は、各国家機関等が会計上不正な支出をしていないかどうかをチェックするのが仕事であるため、常に目を見張らせているのです。

一方、裁判所側も、会計検査院にアウトと言われないために、会計検査院対応専門の部署を作り、会計検査院のチェックに備えているくらい、会計検査院対応を重要視しています。

この実地検査の際には、一定期間の契約書などの書類を会計検査院の職員に提示しますが、会計検査院側から追加でどういう書類を出してくれなどの要望が出され、その書類を出しても大丈夫かについて裁判所側で逐一判断するなど、会計検査院対応時は、かなりピリピリとしたムードが漂います。

実際には、各局の各係の職員が会計検査院の職員からの質問等に対応するのですが、裁判所側の担当者がどんなことを話しているのか、変なことを口走ったりしてないかなど、会計検査院対応の専門部署の職員が後ろで目を光らせています。何やら国会中継で大臣の後ろに居並ぶ各省の官僚の姿を思い浮かべます。

なお、最高裁での会計検査院の対応は定期的に実施されていますが、各地の裁判所でも数年おきのスパンで実施されています。私は、地方でも何度か会計検査院対応を経験しましたが、こちらもかなりピリピリした空気が漂います。

会計検査院の職員が様々なことに目を光らせているため、実地検査期間中はこんなことまで気を使います。

トイレや食堂等で余計な私語をしない。私物は机の中にしまい見えるところに出さない。通常みんながデスクマットの下に入れている職員の座席表を机の中にしまう。勤務時間は厳守する。届出どおりの通勤方法で通勤する…などです。

実に事細かな点に注意するように、職員への指示があります（普段から遵守しておくべきような内容ばかりではありますが…）。

余談ですが、私はある官舎で会計検査院の職員の近くに住んでいたことがありましたが、その職員の態度がかなり大きくて驚いたことがあります。仕事柄といってしまえばそれまでですが…。

それはさておき、会計検査院の会計処理に不正がないかのチェックは誰がしているのでしょうか？　会計検査院に関わったことのある人ならそう思ったことがあるでしょうが、まさか誰もチェックしていないということはないでしょうね（笑）。

最高裁ってどんな部署があるの？

最高裁には、裁判を取り扱うメイン部署である「裁判部」があります。最高裁判事が5名ずつに分かれて3つの「小法廷」を構成し、非常に重大な事件などについてのみ、15名全員で「大法廷」を構成しています。裁判所職員のトップである「大法廷首席書記官」はこのうちの「大法廷」に所属しています。

この「裁判部」以外にも「事務総局」がありますが、ここは大きく分けると、いわゆる「官房系」部署と「事件系」部署に二分されます。

「官房系」の部署には、「秘書課」「広報課」「情報政策課」「総務局」「人事局」「経理局」などがありますが、その中で名前を聞いてイメージが湧きづらいのは、「情報政策課」でしょうか。

裁判所でも数多くのシステムを業者に開発してもらい利用していますが、それらを取り仕切っているような部署です。情報政策課が中心となってシステムを調達する場合もありますが、システムによっては他の局課が中心となって調達をしています。

その際に、情報政策課がかなり口出しをすることが多いため、他の局からはかなり煙たがられている部署です。そんな状況にも関わらず、自らが調達したシステムが不具合を起こしたり使い勝手が悪かったりすることも多々あるため、周囲の信頼を得ていない印象があります。

最近は、民間の技術者を雇うなどしてシステム等の対応をしているようですが、元々はシステム等に詳しくない裁判所職員が担当しているのですから、この仕組みに余程のメスを入れない限り、なかなか状況は好転しないでしょう。

もう一つの「事件系」の部署には、「民事局」「刑事局」「行政局」「家庭局」があります。事件を取り扱うのがメインの「裁判所」なのですが、事件に直接的に関連するこれらの局よりも、「官房系」の局の方がエリートとされているようです。しかも、この事件系の部署の中にも序列のようなものがあり、お互いに結構仲が悪かったりします。

これらの様々な局課同士は、実に色々な場面でやり取りをしながら仕事を進めていく必要があるのですが、他の行政機関と同様、かなり縦割りの意識も強いし、初めからケンカ腰で他の局課に対応するような職員も非常に多かったです。

同じ組織の仲間同士ですから協力しながら仕事をしていきたいと思っていた私としては、かなりやり切れない思いを抱きながら、我慢して3年間の業務を遂行してきたことを思い出します。

二度も三度も最高裁で勤務ができる人は、「仕事上のケンカ」をするのが心底好きなんですかね（笑）。

刑事局での貴重な体験

数ある最高裁の部署の中で、私は「刑事局」で3年間勤務をしました。その数があまりに多いので各係の説明は省きますが、当時3つの課に分かれ、全部で約15の係が存在したと思います。

私が担当した係は、「裁判員制度企画1係（調査員）」と「裁判制度企画2係（係長）」でした。裁判員制度が始まってから約2年が経過する直前の時点で勤務することになりました。

最高裁の刑事局での仕事は、具体的な裁判がどうこうというよりも、全国の裁判所に共通する部分を中枢として整えるような業務がメインでした。

私の場合は、裁判員制度に関する業務に携わりましたが、例えば、「裁判員候補者名簿記載通知」を全国の約20万人以上の裁判員候補者へ郵送する業務を担当していました。

毎年11月頃に無作為で選ばれた裁判員候補者に、裁判員裁判を理解してもらうためのどのような内容物を送るかなどを検討し、同通知を送った後の問合せに対応する「裁判員制度コールセンター」の運営にも関与していました。

また、裁判員裁判は、裁判員にわかりやすく裁判を進めるために、大型モニターやタブレットなどの機器を使いながら進めていきますが、その「裁判員ＩＴ機器」について、裁判員裁判を実施する全国60庁分調達したりもしました。

さらに、裁判員関連の広報の一環として、何種類もある「裁判員パンフレット」や裁判員を終えた方々に配布していた「裁判員バッジ」などを調達する仕事もしていました。

先ほど少し触れたシステム関連も担当していて、全国の裁判員候補者に選ばれた方々の情報を一括して管理する「裁判員候補者名簿管理システム」の調達・管理も担当しており、システムに詳しいわけでもない私が、システム担当係の係長になるなど、なかなか大変な思いもしました。

私は、実際の裁判員裁判を経験することなく、裁判員裁判に関するこれらの業務を担当することになったため、実際の裁判員裁判のイメージが湧かずに大変な苦労を伴うことになりました。
後に実際に裁判員裁判を担当した後は、「今ならこういう部分を改善したいのに…」と様々なアイディアが浮かんできました。せっかくならば、実際に裁判員裁判を経験した上で、刑事局で裁判員裁判の業務に携われることができたら、もっとお役に立てたのではないかと今にして残念に思うこともあります。

頻繁にある所長へのレクチャー

最高裁判所は、裁判所のすべての分野の司令塔的な役割を果たしています。そのため、各地裁や家裁の所長が交代となった場合は、新任となる所長が最高裁に出向いて、各部署から現在の裁判所の様々な状況についてレクチャーを受けるという儀式のようなものがあり、それは「所長レク」と呼ばれています。

例えば、刑事の分野について、現在の刑事事件がどのような状況にあるかについて、刑事局長から直々に新任所長へご説明するというわけです。最高裁内部の放送では、所長の交代人事があると、その都度アナウンスがされていました。

地裁本庁も家裁本庁も全国に50庁ずつあり、それぞれに所長がいるのが原則ですが、小さい庁では地裁と家裁の所長を兼任することもありますので、所長の人数は１００人よりは少ないことになります。

所長は、ある意味名誉職のようなところもあり、早ければ1、２年で次々に交代していくような状況です。とすれば、かなりの頻度で、新任所長が最高裁の各局長からレクチャーを受けるということになります。

そして、裁判所は、かなり正確な統計やデータを重視する組織です。とすれば、所長へのレクチャーの度に、下手をすると1か月単位で最新データに更新した資料を各係が作らなければなりません。すごい頻度で行われる所長へのレクチャーのために、各局課のかなりの係が資料の作成やアップデートに奔走させられることになります。

新任所長へのレクチャーが重要であるのは理解できますが、もう少し何とかならないものかと思いながら、どの係も資料の作成やアップデートを行っていました。

なお、所長が代わった際には、その地裁や家裁の内部でも、新任所長に対して、各部署の長（例えば首席書記官）などから、各部署の状況について説明がなされます。これを「所管事項説明」などと言います。

この場合は、地裁、家裁内部で、前述の最高裁内部で行われているような作業が同じように行われることは想像頂けるでしょうか。こちらは、庁ごとに約1，2年おきの作業なので、頻度は最高裁に比べて少なくなります。

しかし、前所長の交代時から1、2年も経過していると、少しのアップデートではすまないくらい内容や数値が変わっていることが多く、ほとんどイチから資料を作り直すような作業が行われることにもなります。

今どきのお仕事とは思われませんよね。

政権交代の影響を受ける？

日本は、立法・行政・司法と三権分立が大原則になっていますが、政権交代などの行政の影響を受けるとお思いでしょうか？

やはり、最高裁長官が内閣に指名され、最高裁判事は内閣に任命されるなど、内閣が最高裁のトップの人事権を握っている時点で、いくら三権分立とはいえ、最高裁が行政の影響を受けないとは言えないでしょう。

実際に、私が最高裁に着任した際は、自民党ではなく民主党政権時代でしたが、これまで政権を担当したことがない国会議員が中心になっているわけですから、国会議員へのレクチャー（議員レク）などで関わる際も、大変な思いをしていたようでした。

その後、私が最高裁で勤務している間に、自民党政権に戻ったのですが、周囲の感想を聞いていると、やはり様々なことがスムーズに回るようになったと口々に話が聞こえてきました。

それを考えると、他の国家機関（行政機関）は政権交代の影響をモロに受けるため本当に大変ですよね。各省庁の方針も大きく変えられかねないわけですから。

政権が変わるとまでも行かなくても、かなりの頻度で各省庁の大臣が変わっていくというのは、その下にいる職員にとってはかなりのストレスだろうと思います。それとも、そのような状況が当たり前であることが染みついているから、特に気にならないのでしょうか。

地方公務員の場合も、首長や議会の議員が結構な頻度で変わっていくわけですから、同じような思いをしているのかもしれませんね。

東日本大震災対応はどうだった？

前著でも述べましたが、私が最高裁判所に着任したのは、東日本大震災が発生してから約20日後でした。

当時は、東日本大震災の裁判への影響等から、最高裁内部でも数々の問題が生じており、最高裁も結構混乱していたと思います。私のいた刑事局でも、被災地の裁判員裁判をどうするのか、裁判員候補者として裁判に呼び出していいものかどうかなどを中心に検討していました。

それと同時に、東京も電力不足に陥ったため、どのように節電をするかについてかなり細かくルールが決められました。

覚えているだけでも、昼休みは完全に消灯する、部屋に複数ある冷蔵庫のうちいくつかの電源を切る、コーヒーメーカーの使用は禁止する、昼休み以外でも節電するために蛍光灯を間引きするなど、かなり細かい部分まで節電に関する指示がなされました。

今でも、節電と称して昼休みに完全消灯する習慣が続いている部署もあったりしますが、昼休みに部屋が真っ暗になると、特に繁忙部署などでは、職員の気分がかなり暗くなってしまったり落ち込んだりしてしまうという、メンタルの多い職場にとっては結構致命的なマイナス効果があったのではと思います。

夏に冷房の使用を異常にケチって、職員の職場環境を悪くしてしまうことも同じような例の一つですが、節電と同時に、職員にどのような悪影響を及ぼすのかなども考慮しながら指示をすべきだと常々思っていました。

一方で、冬は暖房をガンガン入れて暑いくらいにしている部署もあるなど、季節や担当者や勤務地によってかなりのブレがあるのも問題だったと思います。

一日中シュレッダー作業をすることも

最高裁勤務時に、一番驚いた業務と言えば、「終日、超大型シュレッダーで書類を廃棄し続ける」という業務でしょう。最高裁内部に、一度に大量の書類を廃棄することができる超大型シュレッダーがあるのですが、毎日大量に発生する不要な書類等を交替で廃棄するという作業があります。

各局課にシュレッダー使用の割り当ての日が決められていて、例えば「○日は終日刑事局の日」と決まっているとします。その日は、刑事局内のどこかの係が当番となり、刑事局内全員の不要な書類を回収してまわり、シュレッダー機まで持ち運び、丸一日ひたすらシュレッダーをかけまくるという作業をするのです。

裁判所はまだまだ紙文化が根付いています。データで配られても、プリントアウトして確認するような人がまだまだ多数を占めています。そのような中、50名以上いる刑事局全員分の不要な書類を係長以下4、5人で、シュレッダーしまくるのです。

しかも、悲惨なことに、この大型シュレッダーは、結構な頻度で詰まり、その都度復旧作業が必要になります。

そこで、なぜ業者に依頼しないのだろうと考えたことが何度もあります。予算的な問題もあるのでしょうが、書類の内容があまりに機密情報過ぎて業者に任せるのが難しいという側面もあるのかもしれません。

この作業、想像するだけでなかなかおそろしくなりませんか（笑）？　しかも、この作業が年に1、2回はまわってくることになります。

「自分は最高裁にまで異動してきて勤務しているのに何をしているのだろう？」と考えさせられる一日になります。

コラム①

最高裁の庁舎

皆さんもテレビで映し出される最高裁の庁舎をご覧になったことがあるかと思います。国会議事堂ほど有名ではないでしょうが、荘厳な建物が思い浮かぶ方もいらっしゃるのではないでしょうか。最高裁見学（要予約）に行くと、職員が建物について詳しく説明してくれますが、大理石や花崗岩などの素材を使ってかなり豪華な造りになっています。

しかし、この建物自体は「裁判棟」という、最高裁判事の執務室や大法廷、小法廷などの「裁判部」がある部分になります。大半の職員等が勤務している「事務総局」がある「事務棟」は立派な「裁判棟」とつながってはいるものの、かなり質素で雑然とした建物です。

私も着任したときは、テレビに映る最高裁のイメージがありウキウキしながら門をくぐったのですが、その「事務棟」はなかなか劣悪な環境で驚きました。私の勤務した刑事局は、裁判員裁判がスタートした直後ということもあり、人員が数年前に比べてかなり増員されており、ぎゅうぎゅうの状態で勤務をせざるをえませんでした。

細長い部屋の中で50数名が一緒に仕事をしているのですが、後ろを誰かが通るたびに椅子にぶつかっていかれるような劣悪な環境でした。

　また、私が着任したのが、東日本大震災の直後だったこともあり、書類などが置かれた部屋の書架が地震のためいくつも倒れたままになっており、書類もばらまかれた状態になっており大変驚いたことを覚えています。

　さらには間が悪いことに、私の部署から一番近いトイレが改修工事中のため、結構長い期間、遠い別の部署のトイレまで通わなければならずかなり非効率だったことにも驚きました。しかも、改修工事が終わったトイレは、トイレの入口から一番離れた男性用小便器に、身障者用の手すりが付いていて（通常は、身障者の移動の便を考えて、トイレの入口の一番近いところに設置するはずです）、何の意味があるのだろうと不思議に思うほどでした。

　最高峰の最高裁のトイレなのですから、何か意味があってそうしていると信じたいですね（笑）。

最高裁が出す刊行物

　最高裁が出す刊行物というのは意外とたくさんあります。前述したパンフレットのようなものも入れると、かなりの種類のものが刊行されていると言えるでしょう。

　最も最高裁が力を入れて年に1度作成している刊行物は、「司法の窓」ではないでしょうか。最高裁判事がコラムを書いたり、有名人との対談を実施したりと、なかなか読み応えがあると思いますが、世間にあまり知られていないのが残念に思います。前著でも触れたように、私もこの「司法の窓」の対談記事を担当するという貴重な経験をしました。

また、裁判所内部では「裁判所時報」という、新聞のようなものが月2回配布されていました。最新の最高裁判例や、裁判官や幹部の異動情報など有益な情報が載っており、裁判所に勤務する者として、最新の判例や動向を把握するのにかなり重宝していたと思います。

ただ、周囲を見ていると「即ゴミ箱行き」という扱いをしている職員が結構いたような気がします（笑）。

この「裁判所時報」には、例えば年始に、最高裁長官の「新年のことば」のようなコーナーがあり、ここに載っている情報を見れば、この1年裁判所がどの分野に力を入れてどのような方向に舵を切ろうとしているかがわかるので、毎回それなりに楽しみにしていました。

全く同じかどうかは忘れましたが、同様の内容は裁判所のホームページでも見ることができます。現在の私もつい習慣で、令和5年度の「新年のことば」も見てしまったのですが（笑）、全分野について満遍なく言及してきたこれまでの傾向とは異なり、また、いつもの文章とは違い、長官ご自身で書かれた部分もあるのかな、裁判所も変化しかけているのかな、と興味深く拝見しました。

また、「裁判所職員」というワードがたくさん出てきて、裁判所職員への配慮も感じられ、（もう直接関係はないながらも）今後裁判所がいい方向に向かえばいいなと感じました。興味がある方はぜひ裁判所のホームページで定期的にご覧ください。

第2章

裁判所でこんな経験もしました！

裁判官の引越しをお手伝い

裁判官はほぼ3年に1度転勤をすることになります。しかも全国という広い範囲への異動があるため、引越しも頻繁にすることになります。

そのような事情もあるからでしょうが、以前は裁判官の引越しを職員が手伝うという風習がある庁もあったようです。私が採用された頃には、ギリギリその風習が残っていて、独身の1人暮らしの裁判官の引越しをお手伝いしたような記憶があります（断るという選択肢はなかったような…（笑））。

といっても大きな荷物を積み込むなどの作業は引越し業者がしたため、それ以外の片付け等の重くないお手伝いだったような気がします。

この裁判官引越しの手伝いは、採用時に経験したくらいでしたが、その後、先輩職員の引越しを手伝って、その代わりに夜ごちそうになるような経験は何度かしましたね。忘れかけていましたが、以前は仕事以外でも助け合うような風潮があり、職場が今ほどギスギスしておらず、何か温かみもあったのかもしれませんね。

裁判所以外での勤務も…

裁判官は、司法試験に合格するため勉強だけに集中する人生を送ってくることが多いため、様々な経験等に乏しい面があるのは否めないと思います。そこで、近年は、多くの若手裁判官に多様な経験を積ませようとする動きになっています。

数年間、裁判官という職を離れて弁護士になってみたり、一般企業で勤務してみたり、海外の大学に留学してみたり、他の省庁で働いてみたり…と、実に様々なパターンが用意されています。

若い人だけに限られず、特に法務省で勤務し、国の指定代理人として働く裁判官もおり「判検交流」とも呼ばれています。最近、国の指定代理人を務めていた裁判官が、その後、国が被告となっている事件の裁判の裁判長を務めたとして批判を浴びました。

「裁判官だからその立場立場で切り替えられる」という前提でこのようなことが行われて

いるのでしょうが、国側の代理人を務めて、そのマインドを叩きこまれた方が、その直後に公平な裁判を行うことは、常識的に考えて難しいのではないかと思います。

その他に、ある刑事事件でこんなこともありました。

Ａという被告人の関与があったことを、Ｂという被告人の裁判の中で事実として認めた裁判官が、後に行われたＡという被告人の裁判を担当する。このようなことがざらにありましたが、被告人にとって本当に公平と言えるのだろうかと疑問に感じていました。

また、裁判所職員も、ごく一部ですが、裁判所以外で勤務するということがあります。一般企業で勤務することもありますし、「国税専門官」の研修期間である「税務大学校」において長期の研修を受けるような職員もいました。

「法テラス」ができたときには、数年間法テラスで事務局長などとして勤務をしているような人もいましたね。ただ、せっかく専門的な税務についての勉強をしてきたのに、その後の人事においてその専門性を活かすような部署についている人がほとんどいないのは不思議でなりませんでした。

大きな組織の醍醐味とは

裁判所ほど全国各地に存在する組織も珍しいと思います。他の国の機関や大企業でもここまで幅広く全国に存在する組織はなかなかないのではないでしょうか。全国津々浦々に存在する大きな組織だからこそ味わえる醍醐味もあると思います。

まずは、その人にもよりますが、幅広い異動を味わえる点もある意味では醍醐味といえるのではないでしょうか。特に、裁判官や家庭裁判所調査官は全国的になるため、広範囲に異動する人もいます。

私の知っているある裁判官は、全国に８つある高裁の中で７つの高裁管内で勤務を経験されたすごい経験の持ち主でした。また、一般職員でも九州の８つの県の中で７つの県で勤務を経験された方がいました。

考え方にもよるでしょうが、人生でこれだけ様々な場所で勤務や生活ができるというのは、ある意味では恵まれているのかもしれませんね。

また、裁判所には数多くの裁判官や職員がいるため、実に様々な人たちと関わることができるという点も、ある意味では醍醐味といえるのではないでしょうか。転勤という形でも関わることがありますし、査察などの他の裁判所への出張という形でも関わることがあります。

さらに、巨大な組織だからこそ、様々な部署やポストが用意されているので、多様な経験が積めるのも醍醐味の一つといえるのではないでしょうか。

今から振り返ってみると、前著でも触れたとおり、私自身も様々な部署で多様な経験をすることができましたし、事務官から書記官、係長、課長補佐、主任書記官等と、昇進していくことができるのも、大きな組織ならではの経験と呼べるかもしれませんね。

もちろん、以上で述べたことは裏返すとマイナス要素にもなり得るわけで、どのような考え方で裁判所生活を送るのかこそが、裁判所生活を満喫できるかどうかに大きく関わってくるような気がします。

書記官最大の研修「ブラッシュアップ研修」

数ある裁判所の研修の中でも、書記官になるための長期の研修を除けば、書記官になって概ね5、6年以降に受けることになる「ブラッシュアップ研修（BU研）」が最大の研修ということになるでしょう。

この研修を無事終了した後に、管理職になっていくかどうかの振り分けとなるような意味合いの研修になります。

私がまだ新採用職員だった頃は、中堅書記官が1か月以上研修所に籠ってこの研修を受けていました。当時は、それまで培ってきた書記官としての知識を試す、もしくは更なる知識を付与するような、かなり難しくハードな研修だったようで、予習も含めてかなり大変だと聞いていました。

ところが、私がこの研修を受ける頃には、現名称に変わり、知識付与型の研修から、応用力やプレゼン能力を向上するような研修内容に変容していました。研修期間も2週間程度に短縮されていたと思います。

似たような時期に書記官になったメンバーと2週間べったりと受ける研修は、結構楽しかったような印象があります。この研修で知り合ってずっと仲良くしていたような人も多かったと思います。

後に自分が管理職となり、何度もこの研修の講師をしましたが、位置付け的に重要な研修であると認識している書記官が受講生であるため、割と真剣にこの研修に取り組んでいるような印象がありました。講師をしている側としても、他の研修に比べると楽しかったですね。

ただ、研修の大きな流れからすると、研修内容も更に変容していくでしょうし、期間も短くなっていくのでしょう。

裁判官による勉強会

裁判所の中ですごいと思ったことの一つに、裁判官に直接法律の勉強をみてもらえるということがあります。

裁判所事務官として採用された職員は、次の目標として裁判所書記官を目指すことが多いのですが、その際は、裁判所書記官試験に合格しなければいけません。

大学、しかも法学部を卒業した職員であれば、独学での勉強も可能でしょうが、高校卒業の職員は、裁判所事務官になる際の試験科目に法律があるわけではなく、イチから法律を勉強しなければいけません。

庁の規模等にもよりますが、そのような際に、裁判官が事務官に勉強会を開いたり、法律の論文の答案を添削したりしてくれます。大規模庁の場合は、結構しっかりしたカリキュラムが組まれた勉強会が開催されることもあり、書記官試験に早く合格できるかどうかはこのような勉強会に恵まれたかに左右される一面もあると思います。

ただ、よくよく考えると司法試験を優秀な成績で通過した裁判官に直接法律を教えてもらえるのですから、どんな予備校に通うよりも力が付きそうですよね。そういう意味では、裁判所職員はとても恵まれた環境にあると思います。

仕事に直接関係ない研修も

裁判所の研修が特に充実している点については、前作でもお話ししたとおりですが、通常の研修は、多かれ少なかれ自分が担当している業務等に関するものが多い中、業務とは一見関係ないような研修も割と充実していると思います。

例えば、メンタル予防なども含めた健康管理研修は、年に数回もあり、結構充実している印象でしたが、実際に受講した方がいい人ほど受けていないようでした（笑）。

また、日銀の支店長を招いての経済的な視点での研修、たまに、有名なマラソンランナーを招いての講演など、仕事中に受講させてもらえてありがたいと思えるような研修もありました。

小規模庁からも出張という形で参加できることもあるものの、大規模庁の方がこれらの研修を受ける機会が多いという点では、ちょっと不公平感があるのは否めませんでした。最高裁では、ネットで主にパソコンスキル等についての研修を各自のスケジュールで受けることができ、終了証のようなものも発行してもらえていました。講師のレベル等はさておき、裁判所での研修のバリエーションについては、トップクラスといってもいいのではないでしょうか。

自主勉強会の講師

庁にもよりますが、裁判所では、自主的な勉強会が開かれていることが多いです。主に、試験対策の勉強会が多いですが、書記官試験のための勉強会、管理職選考のための勉強会などがあります。

例えば、書記官試験のための勉強会については、裁判官が中心となって17時以降に試験科目の講義をしたり、書記官試験の答案の添削を行ったりすることが多いようですが、よく考えると、裁判官に法律を教えてもらえるってすごいことですよね。

全部の庁ではありませんが、その環境にいる職員は幸せだと思います。ちなみに、書記官試験については、過去問を中心に勉強した人は、期間の長短はあれ必ず受かっていると思います。少なくとも私が過去問の資料を渡した事務官たちは全員合格して書記官になりました。


とは言え、裁判所書記官には、過去問とその解説した資料はあるのですが、答案の形で記載された資料がないのが、書記官試験の勉強のしづらさの一因となっているのは事実です。

また、管理職選考の勉強会も行われています。私は、管理職になってからは、最後の年を除いてすべて管理職選考の勉強会を開いてきました。と言っても何か講義をするわけではなく、過去問について各受講生に家で答案を書いてきてもらい、添削をする程度でした。

ただ、大きなポイントは、全員に他の人が書いた答案のコピーを渡し、他の人の答案を参考にしながら、次回も同じ問題でよりよい答案を書いてきてもらう、という勉強法をとっていたことでした。

当時はかなり優秀な人でも管理職選考に落ちるほど難しかったのですが、この勉強法でかなりの人数を合格に導いてきたと思います。

書記官試験も管理職選考も、筆記に通過すると面接（口述）があるため、その模擬面接なども毎年のように行っていました。このように、周囲の協力も得ながら、書記官試験や管理職選考に通過していくという風潮はよかったですね。

ただ、今の流れからすると、このような風潮が徐々になくなる、ないしは減っていくのでしょうが、寂しいものですね。

その他にも、刑事立会（刑事裁判）の主任書記官をしている際には、他の部の事務官も集めて、刑事訴訟法の理解を深めるための勉強会をしていました。

自分が事務官時代に、訴訟法の理解が深まると、自分がしている業務と上手くリンクし、いい効果が生み出されるし、書記官試験の勉強の役にも立つと実感していたからです。

民事立会（民事裁判）に異動した際にも、同様に、他の部の事務官にも声をかけて民事訴訟法の理解を深めるための勉強法を開催したりしていました。

こうやって書いてみると、私は資料等も出し惜しむことなく、結構な数の人たちのために貢献してきたんだなぁと思います。こうやって教えることで周囲が合格していくようなサポートをすることが好きなのでしょうね。

採用試験の監督

裁判所では、毎年、各地方で裁判所事務官等の採用試験を行っています。近年は採用希望者が減ってきて、昔に比べ倍率がびっくりするくらい下がっているため、少しでも多くの学生に受験してほしいという思いから、受験ができる場所が年々増えていっているようです。

この採用試験を実施するためには、試験監督等の人員が沢山必要になるのですが、各部署に人数が割り当てられ、各部署から選ばれた人が参加することになります。ただ、土日に実施されるし、日常業務とは全く異なるため、あまり試験監督等をやりたがる人はいません。

私は、コロナ禍で初の採用試験時に試験監督を（イヤイヤ）務めましたが、コロナ禍独特の配慮から結構大変な状況でした。試験監督は、用意されたシナリオを淡々と読むことがメインの仕事になりますが、1秒足りとも試験時間がずれてはいけないし、受験生に不公平感があってはいけないし、なかなか気を遣うことがたくさんありました。

この採用試験ですが、大学院卒、大学卒、高卒だけでなく、裁判所事務官か裁判所調査官かなど、色んな分類があります。その中で、一番狭き門なのは高卒の裁判所事務官ではないでしょうか。募集人数自体が少ないため、かなりの倍率になるようで、特に、公務員志向が強い沖縄での倍率はずば抜けて高くなっています。

トランシーバーを装着して警備

意外に思えるかもしれませんが、裁判所でも、テレビドラマで見る刑事のようにトランシーバーを装着して、連絡を取り合うようなことがあります。

特に、ある暴力団関係の刑事事件で、毎回警備が必要な部署に行った際には、ほぼ毎日トランシーバーを装着して勤務する日々が続きました。

最初は、どのように使っていいのか、どのように話していいのかさえわかりませんでしたが、慣れるとトランシーバーを扱うプロなんじゃないかと思うほど習熟することになりました。


裁判時に警備をする際は、裁判所の中の様々な場所に職員が配置されて、各自がトランシーバーを装着した上で、情報を共有し合います。その他に、危険な当事者や傍聴人等が法廷内にいるような場合にも、情報共有のためにトランシーバーの出番になります。

今では、刑事裁判のみならず、民事裁判でも家庭裁判所の事件でも、リアルタイムで情報共有しなければならない場面が増えてきているため、大きな庁ではどこにでもトランシーバー等が装備されているのではないでしょうか。

救急車を呼ぶことも…

裁判所で勤務をしていると、じつはよく救急車を呼ぶ場面もあります。裁判所に救急車が来ると何事がおきたのかと、来庁している当事者はかなりざわつきます。

特に、私の経験上は、家庭裁判所で救急車を呼ぶ機会が多かったような記憶があります。


家庭裁判所で離婚などの調停（話し合い）をしているような際に、急に過呼吸になって倒れる女性の方を何度も見てきました。救急車を呼んで倒れた人を乗せるだけではなく、状況によっては、裁判所の職員が病院まで同行しなければならない場合もありました。

救急車が出発するまで傍で立ち会うことが多いのですが、なかなか搬送先が見つからず、救急車が全然出発できない状況も多々見てきました。コロナ禍の中だともっと受入先の病院が限られるため、大変だったろうなと思います。


救急車とは直接関係ないのですが、以前は裁判所の敷地内に献血車が止まっていて、若手職員は半強制的に献血に行かされていたような時期もありました。

もちろんあくまでも善意で職員が献血に行くのですが、色々と厳しくなってきているこのご時世だと、仮に献血車が裁判所の庁舎内に来たとしても、有休を取って献血に行くように言われているのではないかと予想してしまいます。有休を取ってまでも献血に行こうとする人はなかなかいないでしょうね。

他の裁判所で尋問することも…

裁判は通常、自分が勤務している裁判所で行いますが、裁判所以外で実施することもあります。具体的に言えば、私が経験した裁判所以外での裁判は、刑務所、当事者の家、遠方の裁判所で行われました。

具体的な経緯は覚えていませんが、確か、刑務所へは、裁判所まで出頭することができない事情がある受刑者が証人の際に、裁判官と一緒に書記官として赴いたと思います。また、同様な事情で、民事事件だったと思いますが、当事者（原告か被告）の方の家まで行ったこともありました。

さらには、どこで尋問をしているかを把握されたくない証人や、諸事情で事件を取り扱っている裁判所まで出頭できない証人のために、裁判官と当事者が赴き、全然関係のない別の裁判所で証人の尋問をするようなことがありました。

このように、別の場所で尋問をする際には、事前の調整などがかなり大変な側面もあり、余程の理由がなければ認められることはありません。そういう意味では、貴重な体験をすることができたのでしょう。


これらの出張をする際に、庁用車（裁判所の車）で行ける場合はいいのですが、遠方へ飛行機などで移動する際には、事件の記録をどれだけ持っていくかという問題が生じます。

裁判官によっては、「尋問中に記録で確認をしたいこともあるから、念のために」と言い、かなりたくさんの事件記録を書記官が運ばなければいけないこともあります。

一方で、書記官の負担を考えて、本当に必要となりそうな部分のみを持参すればよいと配慮してくれる裁判官もいます。

案外、このような部分での配慮ができるかどうかが、書記官等の職員に好かれる裁判官かどうかの分かれ目になっていたりします。

当事者同士のオフレコ雑談

民事事件でも刑事事件でも、裁判官が入廷する前や裁判官が退廷した後は、当事者同士（原告代理人と被告代理人や、検察官と弁護人）で雑談をするような場面もあります。

書記官がその雑談に入るようなこともあります。意外とこの雑談が楽しかったり、意外な情報を得ることができたりするようなこともあります。

そんな中で、一度、すごい雑談の場面に遭遇したことがあります。ある薬害の事件が起こり、国が被告になっていたのですが、裁判官が入廷する前に、原告代理人らと被告代理人らで、新型コロナワクチンの話題になりました。

我々法曹の中で誰からワクチンを打つことができるのかという話だったのですが、「裁判官がまず優先でしょうね」などと話していて、「それなら次は書記官ですかね」などと私に振られたので、「法曹資格がないから書記官は最後でしょう」などと私が答え、笑いの渦に包まれたりもしていました。

ただ、改めて思ったのですが、薬害の裁判をしている中で、安全性が確認されているとは言えないコロナワクチンを早く打ちたい、という発想で原告側も被告側も話をしているのです。

このコロナワクチンが同じような薬害を振りまくかもしれないという発想はないのでしょうか？　私は、この感覚自体が怖いなと思いながら話を聞いていました。

コラム②

趣味に没頭できる環境

裁判所にもサークル活動のようなものがあることについては、既に述べたとおりですが、それ以外にも個々で趣味を楽しんでいる人も結構いました（仕事のうっぷんを趣味で晴らすような位置づけの方が多かったような気はしますが…）。

テニスや野球の他に、一般企業ほどではないですがゴルフを嗜んだり、釣りを趣味にしたりしている人も多かったような気がします。

私は、ずっと続けている趣味としては、ラーメンを中心とした食べ歩き、プロ野球観戦、読書などがありますが、新たな趣味にしばらく没頭しては、次の新たな趣味を楽しむという習性もあります。

例えば、前著でも述べましたが、裁判所内で語学研修（英語）を受けたことをきっかけに、研修後も発音をよくするトレーニングをしたり、リスニングの教材を通勤中ずっと聞いたり、TOEICの勉強をしたり…と英語の勉強を趣味にしていた時期もありました。そのおかげもあって、ヨーロッパでの書記官の総会に参加する機会を得たり、アメリカに2週間研究出張に行く機会を得たりすることができました。

東京在住時は、神田小川町にある「神田和泉屋」という酒店が開催している日本酒の学校に通って日本酒にハマっていた時期もありました。その名も「アル中学」と言う名前です（笑）。店主の先生の日本酒に関する講義を聞いた後、おかみさんが作る手料理をつまみに、様々な種類の日本酒を受講生で飲み比べるという楽しい楽しい時間でした。

確か私が48回生（半年の開催）という、意外と歴史の長い日本酒の学校でした。「アル中学」の後は「アル高校」に進み、最後は「ドイツワイン科」まで修了しました。この学校の卒業生が集まって利き酒大会を実施したり、「アル高校」時代に、実際に修学旅行と称して酒蔵へ1泊2日で行き、「仕込み」などの経験をしたりすることもできました。

この酒蔵には、学校用の日本酒のタンクが一つあり、そのお酒を「杜氏○○、蔵人中村圭一」などと記載されたラベルに入ったお酒として販売もしてもらえました。今思えば、東京で勤務したからこそできる貴重な体験でした。

また、ある時期は、将棋にハマり、テレビを観まくったり将棋の本を読みあさったりして、結果的にアマ三段をとることができました。結構お金はかかりましたが、アマ三段の免状も交付してもらいました。ちなみに、この話をすると「一戦お願いします」とよく言われるのですが、現在は専ら「観る将」ですので対局はしていません（多分もう勝てません）。

これらの趣味については、繁忙な部署かどうか、お金がかかるかどうかによっても随分左右されることになります。一応国家公務員なので、自分の趣味に使うお金くらいはもらえているかとは思いますが、住宅ローンで趣味に使うお金もないくらい節約している職員も多かったです。

ちなみに、金銭事情といえば、裁判所では職員同士が結婚するケースがかなり多いのですが、このいわゆる二馬力の職員は、かなり裕福な生活をしていると思います。ただ、せっかく二馬力で裕福な生活をしていても残念ながら離婚してしまうケースも少なくはありません。

研修所での楽しい生活

裁判所には、裁判所職員向けに「裁判所職員総合研修所（「総研」と省略して呼んだりもします）」という施設が埼玉県和光市にあります。裁判所書記官になるための長期研修がメインの研修になりますが、その他にも各役職等に応じた様々な種類の研修が、全国から研修生を集めて行われています。

書記官になるための長期研修は、大まかに分けると、法学部卒の場合約1年、法学部以外卒の場合約1年半行われます。多くの研修生が研修所内の寮で生活するため、まるで大学時代に戻ったかのような生活を送ることになります。近年は、以前に比べるとかなり勉強をするように（させられるように？）なったようですが、飲み会やサークル活動も盛んであるなど学生時代のようなノリもあり、やはり思い出に残る、楽しいひとときであることが多いようです。

私は経験がありませんが、以前の古い研修所時代は、寮の部屋も複数人だし、門限も厳しくないし、昔の学生寮のような雰囲気だったと聞きます。多くの人が研修生活を謳歌したようですが、他者と関わるのが苦手なおとなしい人にとっては、なかなかの苦行だったようです。

私の研修の際は、門限が23時で厳守だったため、22時には池袋を出ないと門限に間に合わないという、大人にとってはなかなか厳しい門限の設定だったことを覚えています。

この研修所では、裁判官や一般職が教官として講義を受け持っていました。前著でも触れたとおり、裁判官の教官は非常にわかりやすい講義をする方が多かったのですが、一般職の教官は「教える」ということに関しては「?」がつく講義をする方が多かったのが現実でした。せっかく時間をとって研修をしているのですから、講義が上手い方に教官になってほしいものですよね。

また、以前は九州内での研修を行う施設が福岡にあり、九州中から様々な研修に集まってきていました。その研修所にも宿泊施設があり、研修が1週間ある際などは、研修後の集い等も多く、かなり楽しい思い出にもなりました。

また、この研修所で出てくる料理が美味しく、食べ物が好きな私にとっては料理を食べることが楽しみの一つでもありました。楽しみといえば、この研修所は福岡ドームの近くにあったため、ちょうど埼玉西武ライオンズの試合が開催されているときには、必ずといっていいほど研修後、試合観戦に行っていました。研修所からライオンズのユニフォームを着て、メガホンを持った状態で（笑）。

研修講師いろいろ

私が、裁判以外で最も楽しいと感じていた業務は「研修講師」でした。書記官の最も重要な研修である「ブラッシュアップ研修」や高裁管内の書記官を集めて行う研修など、いくつもの研修講師を務め、講義の準備や講義自体も非常に楽しんでいました。

研修後は必ず受講生にアンケートを書いてもらい、講師はそれに全て目を通す機会があります。自分で言うのも何ですが、他の講師に比べてかなり褒められていたと思います。ただ、裁判所の研修の場合は、褒められていたからといってその結果が何かに影響するということはありません。そもそも、裁判所では、様々な研修のラインナップはかなり充実しているのですが、講師の質がイマイチなのが問題だと思います。

自分が研修を受講していても、わかりやすいとか、また聞いてみたいと思える講師は全体の2割もいませんでしたね。せっかく研修メニューは充実しているのですから、中身も向上させるべきだと思いますが、それを管理する人事側も講師側も、通常業務が忙しすぎてそこまで手をかけている暇がないのが現状でしょう。

ちなみに、現在、私は、結構な数の講演依頼を頂いており、楽しみながら講演の準備をし、講演当日も楽しんでいます。例えば、前著の『じつは裁判所ってこんな所なんです！』というテーマでの講演依頼も多数頂きましたし、本業である「エンディングノートと遺言書」や「終活」

というテーマや、裁判所時代に専門としていた「成年後見制度」や「任意後見」というテーマなど、多様なテーマで講演をお引き受けしています。

今は、何をテーマにお話ししてもかなり喜んで頂けますし、アンケートが実施された場合には、高評価を頂いています。「次回以降もお願いします」と言われたり、講演の評判が評判を呼ぶような感じで、講演依頼が連鎖的に広がったりしていくのも非常に嬉しいですね。講演依頼ぜひお待ちしています！（笑）。

第3章

いろんな種類の裁判所があります！

一口に裁判所といっても、様々な種類の裁判所があります。最高裁判所、高等裁判所、地方裁判所、家庭裁判所、簡易裁判所だけではなく、地方裁判所や家庭裁判所の支部もあり、その支部は大規模なものから小規模なものまでさまざまです。

私は、20年間の裁判所勤務の中で、これらの全てのパターンの裁判所で勤務をした、結構珍しい経験の持ち主だと思います。

ということで、各裁判所にどのような特徴があるのかなどについて、この章でわかりやすく触れてみたいと思います。読者の方には特に興味がありそうな最高裁については、第1章ですでに登場しています。この章と合わせてお読みくだされば一段とご理解いただけると思います。

地方を取り仕切っている庁 ～高裁～

各地方の裁判所を取り仕切る形で、全国に8つの「高等裁判所（高裁）」があります。裁判官や家庭裁判所調査官以外の一般職員は、原則として、この高裁の範囲内で異動をすることになります（最高裁で勤務する人も一部います）。

高裁は、管内の各地裁を束ねる役割を担います。そのため、同じ高裁であっても、管理職になるための選考方法、昇進の仕方など、高裁ごとに全然違うルールになっていることも多いです。

その他、民事事件では、地裁事件の控訴事件、簡裁事件の上告事件を担当しますし、刑事事件では、地裁と簡裁事件の控訴事件を担当します。

高裁では、事件を担当するだけではなく、地裁や簡裁での事件処理が適切に行われていたかについて、事件記録をかなり精査し、場合によっては、地裁や簡裁に指導を行ったりもしています。そのため、高裁では、事件記録の精査のために時間がかかるため、控訴事件が受理されても、すぐに高裁での期日が入るわけではありません。

その他に、高裁の管内から担当者を集めて、大規模な各種研修を行ったりもしていますし、高裁管内の裁判所へ査察や事務調査という形で、適切な事務処理が行われているかのチェックにも行ったりしています。

高裁から査察や事務調査に来る庁では、その際、かなり周到に準備をして結構ピリピリしたムードで高裁の職員を迎えることになります。私が、ある庁に1泊2日で事務調査に行った際は、1日目終了時に懇親会が開催され、事務調査をする側である高裁の職員をお酒で潰そうと企んでいる職員がいたほどです（笑）。

高裁は、このように地方では重要な役割を果たしているため、職員が各地家裁から選抜されるような形で高裁勤務となるケースが多いです（部署にもよるし、必ずそうというわけではありませんが…）。

一番オーソドックスな庁 ～地裁本庁～

裁判所には様々な種類の形がありますが、「地方裁判所（地裁）」は、最も基本形の裁判所と言ってもいいでしょう。その中でも各都道府県に一つずつある中心の庁を「本庁」と呼び、併せて「地裁本庁」などと呼んだりします（北海道は範囲が広いので、北海道だけ4つも地裁本庁があります）。

地裁本庁では、一般の方々同士が争う民事事件や犯罪者を裁く刑事事件を中心に取り扱います。刑事事件は、テレビドラマで刑事裁判が取り上げられることも多いので、イメージがしやすいかと思います。一般の方々が参加する可能性もある「裁判員裁判」が行われているのも地裁本庁です（一部大きな支部でも行われているところがあります）。

一方、民事事件についてですが、一口に民事事件と言っても実に様々な種類があり、非常にわかりにくい状況になっています。一般の方々同士が争う「民事裁判」以外にも次のような事件があります。

借金が多くなり過ぎた場合に、その借金を「チャラ」にしてもらえる「破産事件」。

借金を払えない場合に持ち家等を強制的に売ってそのお金から借金を払ってもらう「不動産競売事件」。借金を払えない場合に会社の給料を差し押さえてその一部を払ってもらう「債権執行事件」などがあります。またそれらの事件の受付を行ったりする「民事訟廷（しょうてい）」などたくさんの部署があります。

ここで数多く「事件」と書いてきたので、違和感を覚えた方もいらっしゃるかもしれませんが、裁判所ではほとんどの案件を「事件」と呼んでいます。
ですので、一般の方が裁判所に問い合わせの電話をすると、裁判所の職員に「事件番号は何番ですか?」などと尋ねられ、「事件ってそんな大げさな…」といったリアクションを取られる方も多かったです。

これらの「事件」のうち、私が担当したものの概要については、別の章で改めて詳しくご説明したいと思います。地裁には、これらの「事件」関係の部署の他に、一般企業等と同様に、総務・人事・会計を扱う部署もあり、もちろん重要な役割を果たしています。

専門性が高い庁 ~家裁本庁~

先ほど、地裁が「裁判所の基本形」であるとお話ししましたが、「家庭裁判所（家裁）」は、その変形であるということになるでしょう。主に家庭をテーマとした争いに対応するために存在する裁判所です。

例えば、裁判所の手続を利用して離婚したい場合は、いきなり裁判をすることはできず、まずはこの家裁で「調停」という話し合いの手続を必ず経る必要があります。

その他にも、近年増加している高齢者の認知症に対応する手続である「成年後見事件」や、相続人同士での争いが生じた場合の「遺産分割調停」などがあったりして、家裁での手続は非常にバリエーションに富んでいます。

その他に、18歳未満のいわゆる「少年」が罪を犯した際などは、「少年事件」として何らかの処分が下されることがあります。

以前は、裁判所の中でもこの「家裁」は、裁判官にとっても裁判所書記官等にとっても、いわゆる「出世街道を離れたような勤務地」と思われていました。ただ、近年、事件数が激増してきた「成年後見事件」に対応するために、優秀な書記官等も家裁へ送り込まれるようになり、若干潮目は変わってきているといえるのかもしれません。

また、家裁には、「家庭裁判所調査官（家裁調査官）」という家庭・少年問題に関与するスペシャリストがいます。子どもの問題については、国の未来を論じる上ではかなり重要だと個人的には思うのですが、国の施策としてはあまり優先されていない印象を受けます。

最近、「こども家庭庁」が新設されましたが、この中に、国家公務員のキャリア待遇であり、こどもの問題のスペシャリストである家裁調査官ががっつりと関与していればいいのですが、もし関与の程度が少ないのであれば心配になりますね。

これは余談ですが、私が、ある飲み会の場で、新人の家裁調査官（補）に、自分の部下である新採用職員を「かなりよく頑張ってくれている。すごいよ」と褒めたら、その家裁調査官が、「直属の上司に直接褒められるとかあるんですか？」とかなり驚いていました。

家裁調査官はそんなに新人を褒めないのだろうかと逆に驚きました。少年などは基本的には褒めて育てた方がいいと思うのですが、そんなことはないのでしょうか（笑）。

なお、この家裁にも、地裁と同じように支部ももちろん存在します。書記官は必ずどの裁判所にも存在していますが、家裁調査官が配置されていない家裁支部も存在しています。

そのような家裁支部には、家裁調査官が他の家裁本庁や家裁支部から出張をしてくることになります。家裁調査官は、このように、他の裁判所へ行ったり、少年などの当事者に会いに行ったりと出張がやたら多く、ランチを外で食べる機会も多いので、外に出るのが好きな私はいつもうらやましく思っていました。

本庁より大きな庁も　～大規模な地裁支部～

前述した「地裁本庁」は、少なくとも各都道府県庁の所在地に1つはあるため、極端なことを言えば、「その裁判所で都道府県内の裁判等の手続を全て対応します」ということもできなくはないのかもしれません。

しかしながら、そのような方法をとると、都道府県庁の所在地から離れたところに住んでいる方々にとっては、裁判所での手続を利用することが難しくなってしまいます。

そこで、各都道府県内に「支部」という形で、いくつかの裁判所を設置することにしているのです。これらの支部には規模に大きな違いがあり、地裁本庁より遥かに多くの職員を抱える「大規模な地裁支部」も存在します。

具体的には、東京地裁立川支部、大阪地裁堺支部、福岡地裁小倉支部などが挙げられますが、例えば、福岡地裁小倉支部は、支部でありながら、九州内では福岡地裁本庁に次ぐ規模で、福岡地裁本庁以外の九州のどの本庁よりも規模だけは大きいと言えます。

そのため、よく弁護士会などから、「大規模支部を本庁にしてほしい」との要望が毎年のように挙げられているところです。

大規模支部なので、他の小さい支部と違って、「事務局次長」や「次席書記官」や「訟廷管理官」など上位のポストの職員も配置されています。

しかし、いくら大規模であっても、あくまでも「支部」であるため、「本庁」にお伺いを立てながら業務を進めていく必要があります。そのため、本庁と比べイマイチ機動性に欠けていると感じる場面も少なくはありませんでした。

また、本庁のような総務課・人事課・会計課（経理課）などは存在せず、支部の場合は、一律に庶務課という組織で対応することになります。

例えば、福岡地裁小倉支部は、支部でありながら他の本庁以上の規模であるため、昔は「福岡地裁本庁に追い付け！　追い越せ！」という気骨があり、ある意味本庁にケンカ腰で挑むくらいの気概を持ちながら、職務にあたっていたような面白い時期もあったと聞きます。

時代の流れもあるのでしょうが、今はそのような風潮は全く感じられない状況になっています。

こじんまりしている庁 ～小規模な地裁支部～

地裁支部については、前述のように大規模なものは例外的で、小規模な支部の方がたくさんあると言っていいでしょう。裁判官も職員も入れて総数10名を切るような小規模な支部もあります。

小規模な支部は、都心部からのアクセスがよくない場所に存在することも多く、広域の異動が多い裁判所の割には、地元在住や地元出身の職員が多めに勤務していることが多いように思います。

ですから、職員にあまり人気のない小規模な地裁支部の場合は、異動を計画する際に人事が苦労しているようです。あまりに不人気な庁の場合は、他のどの庁よりも先に異動の意向打診をしている様子も見受けられました。
ただ、その場合は、「他の小規模支部に勤務すれば4年勤務が普通であるところを3年で出してもらえる」というような暗黙のルールがあるような配慮もなされていました。

前著でも触れたように、小規模な支部に勤務すると、勤務した数年間で多様な職務を経験することができ、書記官としての経験値はかなり上がると言えるのではないでしょうか。ある職務の担当についている書記官が一人だけだったりすると、裁判官（支部長）にも頼られ、自分の自信にも繋がっていくことが多いかと思います。

ただ、小規模な支部の場合は、本庁への要望が受け入れられることが難しい状況にあるかと思います。特に、日常業務で使う消耗品などの備品も、本庁などに比べると明らかに枯渇していました。日常的に使う椅子もほぼ壊れかけのものを使わざるをえないなど、環境がよくはありませんでした。
私は腰痛になりやすかったのですが、一日の大半腰かけている椅子の影響も大きかったのではないかと思います。あと、頻繁に立ったり座ったりする作業が腰にかなりの負担を与えていたのだと思います。

これはおそらく私に限ったことではなく、職員の大半がそうなのではないでしょうか。ちなみに、裁判所を卒業して約2年経ちますが、卒業後、腰痛がぴたりとなくなりました。裁判所のものよりは明らかにいい椅子に座り、以前ほど無駄に立ったり座ったりの繰り返しをしなくてすむからかもしれません。

今から思うと、20年繰り返し続いた腰痛は、労災だったのかもしれませんね（笑）。

全国に438もある庁～簡裁～

裁判所の中で一番小さい規模の裁判所が「簡易裁判所（簡裁）」になります。それにしても「簡易」裁判所ってもう少しネーミングが何とかならなかったものでしょうか？　同じ裁判所でも、「最高」と「簡易」の間のギャップはすごすぎますよね（笑）。

簡裁は、ざっくりとしたイメージとしては、地裁のミニバージョンの裁判所と思って頂いていいかと思います。争いの中でも金額が安いものを民事事件として、軽めの犯罪を刑事事件として扱ったりします。

この簡易裁判所は、地裁と併設されていることが多いですが、簡易裁判所だけが独立して設けられているものもあり、「独立簡裁」と呼ばれています（もっと省略して、「独簡（どっかん）」と呼んだりもします）。

この独立簡裁は、都道府県庁の所在地に極めて近い都会にあるものから、離島に存在するものまで、とにかくバリエーションに富んでおり、簡裁は全国になんと438も存在します。

ある離島にある独立簡裁では、書記官1名と事務官1名の2名のみ配置されています。裁判官は常駐していないのですが、月に1度など、違う庁から「填補」という形でいわば派遣されてきます。とにかく暇で暇で仕方ないそうです。

噂では、その庁で2、3年庶務課長（書記官）として赴任すると、本庁などに戻って勤務する際に、仕事をしなくなってしまっているとか（笑）。

別のある離島で庶務課長（書記官）を務めた友人によれば、自然に囲まれた中で非常に楽しく有意義な生活を送ることができたそうで、それを聞きうらやましくも感じました。

また、簡裁の事件は、司法試験をパスした裁判官ではなく、簡易裁判所判事（簡裁判事）が担当することがほとんどです（「簡判（カンパン）」などと呼ばれたりもしています）。以前は、一般職員が法律の勉強をして、選考を通過した上でなるのが主流でしたが、いつの頃からか、定年直前の幹部職員の天下り先や65歳で定年を迎えた裁判官が70歳まで勤務するための手段になるのが主流になってきました。

幹部職員は、裁判をあまり担当したことがなく、主に事務局で勤務してきた方々が多いため、簡裁判事の質がかなり低下してきているとの指摘も上がってきているようです。

さらに、独立簡裁の場合は、家裁が併設されていないため、一部の独立簡裁には、「家裁出張所」という形で、ごく簡単な家裁の事務を行う程度の機能を備えた裁判所が併設されていることもあります。

コラム③

再任されない裁判官

裁判官は、給料や身分など憲法上かなり手厚い保障がされていますが、任期は10年ということは意外と知られていないのではないでしょうか。憲法で「裁判官は、任期を十年とし、再任されることができる」と規定されており、実際に再任されずに裁判官を辞めざるをえない人もちらほらいます。

私も実際に再任されなかった裁判官を数名見てきましたが、やはり、誰の目から見ても「この裁判官は再任されないかもしれないな」と思われていた方で、実際に再任されなかったというケースがほとんどでした。

私が知っている「再任されなかった裁判官」に共通しているのは、仕事を上手くまわせていない方が多かったということです。判決を書くのが遅いだけではなく、判決が期日までに書けずに判決言渡期日を変更する、など明らかに問題を抱えている裁判官が再任されませんでした。それらの裁判官と一緒に仕事をする書記官も事務官も、そして合議という形で関わる裁判官も、かなりの負担を強いられることになっていました。

「任期終了退官」という形で裁判官を辞めた場合は、問題があって裁判官を続けることができなかったというパターンがほとんどだとは思いますが、中には「10年や20年という節目で任期終了という形で辞めよう」と考えて、再任を希望しなかった裁判官も一部いますので、一概には言い切れない側面もあります。

また、事実上辞めさせられた裁判官でも、「自分の意思で弁護士になった」と言っている方もいるようですので、なかなか見極めは難しいですね。ちなみに、再任されない裁判官と学歴の相関関係は全くないように思えます。

全然関係ありませんが、私が書記官になってからの5年間、ペアを組んだ4人の裁判官は、全員東大出身でした。これはなかなか珍しいことだと思います。東大出身で非常に優秀な裁判官もいましたが、そうではない裁判官もいましたので、学歴と裁判官として必要とされる能力はそれほど関係ないような気もします。

再任用職員いろいろ

現在、裁判所の職員は、55歳で昇給停止、60歳で定年、希望により65歳まで再任用職員（主にヒラ職員）として働くことが可能になっています。そして今後、段階的に定年が65歳となりますが、高齢者ばかりが増えすぎておそらく国が年金を十分に払えなくなるため、その後はもしかしたら定年や再任用が70歳まで伸びるかもしれません。

裁判所を定年退職となった人は、かなりの割合で再任用職員として働いていますが、様々な問題も生じていますし、65歳までいかずに突発的に辞める人も続出しているようです。

事務局長や首席書記官など幹部職を務めた人

でも、再任用になればヒラ職員として勤務することになります（一部、庶務課長などの管理職をする人もいます）。

管理職で、しばらくの間裁判実務から離れていた人が、現場で仕事をすると、年齢的な能力の衰えも相まって全然戦力にならない元幹部もかなり多く、仕事が遅い人やミスを連発する人などがたくさんいるようです。

5年間再任用職員をするつもりだったのに、自分の元部下だった職員が上司になって上手くいかなかったり、ヒラ職員であることに耐えられなくなったりして、1年や2年で急に辞める人もたくさんいました。自分が以前庶務課長を務めていた支部にヒラ書記官として勤務する例も多く、なかなか複雑な心境だろうな、どういう思いで仕事をしているのだろうと思うところもあります。

ただ、幹部をしながら精力的に働いていた人や、あれだけ周囲に色々言っていた人たちは、まだ60数歳という若さなのに、日中一体何をしているのでしょうか。ただ家でじっとしているとすればかなりもったいない気もしますし、奥さんも大変でしょうね（笑）。

また、書記官資格を持っているのに、事務官としての再任用を希望するという変わった方もいます。書記官手当の分明らかに給料が減るのですが、書記官だと事件でミスをしたら責任を取らなければいけないからでしょう。幹部まで務めていてミスをしないように書記官に指導していた方々が、そのような消極的な姿勢で仕事を選ぶことはいかがなものかなと思ったりもします。

一方で、幹部からヒラ書記官になり、とにかく責任が大幅に減った状態で仕事に臨むことができると考え、再度前向きな気持ちでヒラ書記官を楽しんでいるような人も一部存在します。そういう方は大体人間的にも尊敬できるような方なのですが、できればこうあってほしいものですよね。

再任用職員になると、給料はかなり大幅に減ることになります。それでも、年金が支給されるまではと思い、泣く泣く勤務を働き続けている人が多いようです。

ちなみに、現在、私が行政書士として働いていて、仕事に応じてお客様から報酬を頂いているわけですが、書記官が日常に行っている業務を、同様に金銭に換算すると、どんなに低めに見積もっても月２００万円以上分は働いていることになると思います。国にかなり搾取されていることになりますね（笑）。

第4章

これまで私が経験した仕事ってこんな感じでした！

裁判所で勤務した20年間で、私ほど様々な種類の仕事を経験した職員も珍しいと思います。ざっくり言うと、おそらく、担当していない仕事は、不動産競売と少年事件だけでしょう。少年事件は、高裁の抗告事件としては担当したので、無理矢理解釈すれば、もしかしたら担当したと言えるのかもしれません。ちなみに、不動産競売だけは、かなり希望していたのに経験することができませんでした。

前著でも書きましたが、管理職として最後の7年間で、高裁所在地の本庁で民事と刑事と家事の主任書記官を全て経験し、おまけに課長補佐まで経験したのは、裁判所史上初でしょう。今改めて振り返っても酷使させすぎだと思います（笑）。

争いごとを解決します！～民事立会～

私が20年間の裁判所生活で最も長く関わった分野が「民事立会」になります。地裁本庁の事務官で1年、地裁支部の書記官で3年、地裁本庁の主任書記官で1年の計5年関わりました。

「民事立会」とは、一般の私人同士が原告と被告として争う「民事裁判」で、これを担当をする部署になりますが、書記官等として「民事裁判に立ち会う」ことから、「民事立会」と呼ばれているのでしょう。

別にお話しする「民事訟廷」という民事事件の受付で、訴状を受け付けた後、民事立会に記録が引き継がれてきます（小さい支部などは民事訟廷がないので、民事立会係で直接訴状を受け付けることになります）。

その後、訴状の内容をチェックし、被告に訴状や呼出状を送達し、民事の裁判を経て、判決や和解などで事件が終わるまでずっと担当することになります。

国を相手にした裁判や、世間で騒がれているような裁判も多く、一般の私人同士の争いにとどまらず、マスコミに騒がれるような事件も多い状況にあります。

実際の民事裁判では、あらかじめ提出しておいた準備書面を「陳述します」と言うだけで終わったりするため、裁判の傍聴に行っても何のやり取りをしているのかよくわからないこともあります（裁判を傍聴するなら、まずは、裁判の流れがわかりやすい刑事裁判の方をお勧めします）。

ちなみに、民事裁判は、「民事訴訟法」という民事裁判の手続について定められた法律等に基づいて進められていきますが、この「民事訴訟法（民訴）」は、資格試験の勉強として学んでいてもイメージが湧かないためわかりづらく、「眠素（みんそ・眠りの素）」などと呼ばれているほどです。


私も民事訴訟法をイマイチ理解できていなかったのですが、民事立会を実際に担当したら、劇的に民事訴訟法の理解が深まりました。

預金や給料を差し押さえます！〜債権執行〜

民事裁判などで「〇〇万円を支払え」という判決が出たとしても、自動的にお金が振り込まれてくるわけではありません。支払う側が判決通りに支払わなければ、判決を勝ち取ったとしても「絵に描いた餅」になってしまいます。

そのような場合、お金を強制的に支払ってもらう方法の一つに「債権執行」という手続があります。

例えば、お金を支払ってくれないので、働いている会社の給料を差し押さえる、または、銀行預金を差し押さえる、などの強制的な手続をとることができるのです。

ただ、差押えをされる側がこれらの動きに気付いたら、即座に銀行預金を全ておろしてしまうかもしれませんので、この「債権執行」という手続はかなり急ぎます。

ある日、債権執行の申立てがあれば、翌日に裁判官が判断して、その日のうちに差押えの命令を郵便で発送するというくらいのスピード感で処理する必要があるのです。

ですから、閉庁時間ギリギリぐらいにまとめて申立書を持ってくるようなことがあれば（担当者としてはかなり嫌がりますが…）、残業をしてでも処理している職員もいるくらいでした。

この債権執行の係は、何かとクレームの電話が入ってくることが多かったような気がします。なぜ差押えを受けなければいけないのかというクレームはもちろん、給料の差押え先である会社からもクレームの電話がかかってくることが結構ありました。

というのも、給料を差し押さえられる人を「債務者」と呼び、給料の差押え先である会社などを「第三債務者」と呼ぶのですが、「なぜ自分が〈債務者〉と言われなければいけないのか」といった類のクレームも寄せられるのです。

これと同じような状況は、前述の「民事立会」の係でも起きていました。

民事訴訟で訴えられた相手方は、法律上「被告」と呼ばれるのですが、テレビなどのマスコミが刑事で起訴された人を正式な名前である「被告人」ではなく「被告」と呼ぶため、「なぜ私が被告と呼ばれなければいけないんだ」という怒りの電話をかけてくる人が結構多いのです。

なぜマスコミは正確に「被告人」と呼んでくれないんでしょうね。

借金から解放します！ ～破産～

「破産」という言葉は、誰もが聞いたことがあるし、どのような内容かは何となくイメージが湧くのではないでしょうか。よく考えるとすごい制度ですね。何と言っても借金がチャラになるんですから…。

ただ、「破産」の申立てをしたからと言って、必ず借金がチャラになるというわけではありません。「責任を免れる」と書いて「免責」をされないと、借金がチャラになるわけではありません。

例えば、借金をした理由の大半がギャンブルであるような場合は、この「免責」が認められないようなこともあります。

20数年前は、この「破産」事件が激増して裁判所がパンクしかけるくらいになっている時期もありました。「裁判所あるある」ですが、優秀な職員がこぞって繁忙な破産の係に配置され、必死に事件の処理をしていました。

そして、弁護士さんも、今ほど多くなかったこともあり、この破産事件を引き受けることでかなり稼いでいた時代もあったようです。

この破産手続は、弁護士や司法書士などの専門家に依頼する際に、報酬として数十万円を支払わなければいけないことが多いようです。これから借金をチャラにしてもらおうとするのに、まとまったお金を準備して支払わなければいけないって、何か矛盾しているような気がするのは私だけでしょうか。

私の実感ですが、「住宅ローンなどで結構無茶な貸し方をしているのではないか？」と傍から見て思う場面も多々あったので、今後、物価高騰や不動産価格の下落や不景気などの要因が重なれば、20数年前と同じように、破産事件が急増するような事態にもなりかねないのではないかと、個人的には見ているところです。

民事事件の受付・司令塔 ～民事訟廷～

ここまで述べた「民事立会」や「債権執行」や「破産」、私が担当したことがないため今回は触れませんでしたが、「不動産競売」などの民事手続についての各部署の司令塔的な役割を果たすのが、「民事訟廷（しょうてい）」という、普段はあまり聞きなれない言葉の部署になります。

「民事立会」の受付をする「事件係」や裁判関係の諸々の庶務を担当する「庶務係」、民事事件の記録を管理する「記録係」などに分かれていて、まさに民事事件の司令塔的役割を果たしているといえるでしょう。

ただ、事件を具体的に担当するわけではなく、単発で処理できるような業務が多いため、裁判所の中でもメンタルの職員や、仕事が特にできない職員などが集められる部署になっていることが多かったように思います。

訟廷に配置されると、その職員らのお世話（尻拭い）等で大変な思いをすることが多いのが現状です。私は、事務官をしているときに「民事訟廷」で勤務しましたが、まさにこのような大変な状況の中で仕事をしていました。

あと、民事事件の過去の事件記録を保管している記録庫があるのですが、かなり雑然としていたため、以前私は「BOOK OFF」でアルバイトをしていたこともあり、タイトルをわかりやすくつけたり、記録を整然と順番に並べたりするなど、記録庫をかなりわかりやすく整理した記憶があります。

ただ、これには後日談があって、その庁を離れて数年後に記録庫を見せてもらったところ、以前のように雑然とした状態に戻っていたのにはかなり驚きました。

この「訟廷」を取り仕切る管理職を「訟廷管理官」と呼びます。「踊る大捜査線」の柳葉敏郎さん扮する「室井管理官」のおかげで、管理官という役職がかなり格好よく聞こえますが、前述のような訟廷特有の大変な事情の中、この訟廷での管理官はかなり大変な思いをすることになります。

私は最後の7年間管理職をしたのですが、最初の1年と最後の1年を除く5年間は、この管理官のポジションについている方々に色々相談に乗ってもらったり、愚痴を聞いてもらったりして、繁忙で精神的にも肉体的にも大変な時期を何とか乗り切ることができたのでした。

これは、管理官というポジションに仕事ができる人が付くわけではなく、たまたま私の近くにいた管理官がちゃんとしていて、私と波長が合う方々だったということになります。

被告人を裁きます！〜刑事立会〜

「刑事立会」とは、刑事裁判を扱う部署になります。テレビドラマや映画でよく取り上げられることもあり、みなさま方に一番なじみが深い部署なのではないでしょうか。

私は、地裁支部の書記官で1年、高裁の書記官で2年、地裁本庁の主任書記官で2年の合計5年間、この分野を担当しました。「民事立会」と並んで、20年の裁判所生活で最も長く携わった分野になります。

この分野は、皆さんもイメージが持ちやすいでしょうから詳しい説明などは割愛しますが、人間である裁判官が、同じく人間である被告人を裁くというのは、よく考えるとかなりすごいことですよね。

刑事事件の中には、過去には冤罪事件もありましたし、判決の中で認定した事実が実際と違っていることはざらにあると思います。そのような状況下で、被告人は裁判官が認定した、真実とは異なっている事実を聞いてどのような思いでいるのでしょうか？

真実を知っているのは、被告人だけであることが通常でしょうから、その被告人の前で、見てもいない事実を認定して、判決を言い渡すというのは本当に大変なことだと思います。

だからこそ、「疑わしきは被告人の利益に」という原則が導かれている側面もあると思いますが、一部の裁判官は最初から上から被告人を見ているのではないかと感じることも少なくありませんでした。

裁判員裁判のときだけは、一般の方々が参加するため、どの裁判官も普段より丁寧に接していると思いますが、裁判員裁判以外の通常の裁判でも、同様な感覚で裁判に臨んでほしいものです。

成年後見を担当する繁忙部署 ～後見センター～

もしも親族が認知症になって様々なことを判断する能力がなくなってしまったらどうしますか？　そのことが周囲に知られたら、まず銀行は預貯金の口座を凍結します。

今後、本人は法律的な内容が理解できないので、高齢者施設に入る契約なども結ぶことができません。

そのような場合に、本人に代わって様々な判断を行ったりするのが「後見人」の役割になります。この「後見人」を選んだり、「後見人」としての仕事をちゃんとしているかをチェックしたりする家裁の部署が「後見センター」という部署になります（小規模の裁判所では、「後見係」として対応したりしています）。

この「後見人」は本人に代わって様々な判断をすることになりますが、一方で、本人の様々な権利を奪ってしまうことになるため、改めて考えると、結構過激な制度だなとも思えます。

この成年後見制度は、始まってまだ20数年と歴史が浅く、様々な問題点を抱えています（始まる以前は、「禁治産制度」でした）。

その具体的な問題点等については、前著で触れたとおりです。簡単に言えば、この成年後見制度には、認知症になった後に裁判所が後見人を決める「法定後見」と、認知症になる前に本人が後見人をあらかじめ決めておく「任意後見」の2種類があります。

「法定後見」は、超高齢社会になり成年後見を必要とする人が増加し続けていること、後見人の不足や後見人による横領など後見人をどうするか等かなり課題があることなど、問題点は山積みで、政府が一体となってどのようにしていくかについて正に議論されているところです。

実際に「法定後見」を利用した方からは、かなりの批判がなされているようです。

最近、NHKでも法定後見制度の問題点について取り上げられていましたし、『成年後見制度の落とし穴』（青志社）」という著書も発売されており、いずれも成年後見の仕事に携わった者として、なるほどと頷く部分も少なくはありませんでした。

かなり難しい問題なので深い話は差し控えますが、「法定後見」は、本人の希望を考慮できないことから、裁判所が主体となって後見人を選ぶため、本人の親族が様々な点に不満を抱きやすいようです。

一方、「任意後見」の場合は、自分が認知症になったら誰に後見人をお願いしたいのか、どのようなことをしてほしいのかを事前に決めておけるため、より本人の意思が反映されやすくなります。私は、裁判所で後見事件を担当した経験を踏まえ、現在、行政書士として、後者の「任意後見」の利用が進むように、講演を行ったり、相談会でアドバイス等をしたりするような活動をしているところです。

「認知症になりかけているかも…」と気付いたのに、誰にも相談せずしばらく放置していたら認知症が進んでしまい、「法定後見」を利用せざるを得なくなったという例もかなりあります。

認知症かも？　と気付いた時点で、「任意後見」の利用に向けてすぐ行動した方がいいケースも多いですので、まずは周囲の専門家等に相談することをお勧めします。

事件以外の部署もあります！～事務局～

どの官公庁でも企業でもそうでしょうが、総務、人事、会計を扱う部署（併せて裁判所では「事務局」と呼ばれています）がもちろん裁判所にもあります。

総務、人事、会計なども裁判を裏方から支えるという意味で必要かつ重要な仕事であることには間違いありません。

ただ、何らかの形で裁判に携わりたくて裁判所に入ってきた人がほとんどでしょうから、これらの仕事を最初から積極的に希望していた人は少ないと思います。それにも関わらず、これらの事務局での勤務を希望する職員は一定数います。

おそらく、当初は書記官になるための試験合格を目指していたのですが合格できなかったため、事務局に配置されているうちにそれなりに専門のスキルを身に着け、そこにある種の居心地の良さを感じているパターンが一番多いかと思います。

特に会計などは、書記官資格を持たない事務官が専門的なスキルを持っていることが多いため、それをいいことに好き放題、わがままに振る舞っているような意地悪な事務官が一定数存在します。

そのような人たちは、新採用職員や管理職になりたての主任書記官や課長補佐などに特に強く当たったりすることが多いのでタチが悪いです。

また、前著でも触れたとおり、裁判所であれば裁判部門が花形になるのが普通ではないかとお思いでしょうが、この事務局で勤務することの方がエリートであるというような風潮もあります。

特に、書記官資格を持っているのに、事務局ばかりで勤務している職員がエリートとされる傾向にあります。現場で裁判を担当している裁判官よりも、最高裁の事務総局での勤務が多い裁判官の方がエリートであるという感覚と同じですね。

書記官資格を持っている職員が事務官になると、いわゆる書記官手当が減るため、かなり給料が減ったと実感します。それでは事務局での勤務を望む職員が減ってしまい、組織として成り立たなくなるため、事務局をエリートコースという位置付けにしておかなければいけない面もあるのかなと理解していました。

私は、裁判に携わりたくて裁判所の仕事を続けていましたし、前述のように事務局には意地の悪い職員が多かったため、二度と事務局では勤務したいとは思いませんでした。

一方で、給料が減ってでも事務局に進んで行きたがる職員もいるのですから、仕事ってやはり向き不向きがあるものですね。

コラム④

親族が有名人！

裁判所ではかなり多くの人数が勤務しているため、裁判所の中にも、私が知っているだけでも親族が有名人という裁判官や職員は結構います。

名前を挙げることはしませんが、例えば、ある有名なアイドルのお父さんが事務官をしていたりします。裁判所の中では特に隠しているようでもなく、その裁判所では割と有名な話だったりします。

また、ある有名な女性局アナウンサーのお父さんも、裁判所の元職員だったりしますし、ある有名な女優さんの妹が書記官だったりします。

他にも、超有名な元国会議員の息子さんが裁判官だったり…と、裁判所には結構有名人の親族がいるものです。

おそらく公表もされていて一番有名なのは、歌手の尾崎豊さんのお兄さんが、元裁判所職員で、裁判所を辞められた後に司法試験に合格し弁護士になり、現在は埼玉弁護士会会長をされているということではないでしょうか。

弟さんの死をきっかけに、司法試験を再度目指して合格されたようですが、裁判所職員は勉強に専念するために辞められたのか、裁判所が嫌で辞められたのか、ちょっと気になるところではありますね。

長距離通勤の強者たち

裁判所勤務ではとにかく異動がたくさんあります。ヒラ書記官をしているうちは、都道府県内の異動にとどまることも多いのですが、それでも、都道府県内の端から端まで異動となることも稀ではありません。それに加えて、管理職になれば異動の頻度は高まり範囲は広がりますし、幹部になれば、高裁管内でさらに広範囲での異動が待ち構えています。

そのような状況の中で、その都度単身赴任をする人も多いのですが、一部、意地でも自宅から通おうとする強者も出てきます。家庭の事情による人もいますが、自宅を購入した直後だから自宅に住みたいという理由で長距離通勤をする人も珍しくはありません（気持ちはよくわかります）。

裁判所では、自宅を購入するとあえて遠くに異動になっているのではないかという都市伝説もあるくらい、自宅購入後の異動は散見されているような気がします。

一番多いのは、福岡市近郊に住んでいて北九州市の裁判所に異動になった場合、博多・小倉間を新幹線通勤するというケースでしょうか。この場合、3か月定期で20万円近くかかり、通勤手当には上限があるため、月に2万程度は手出しをすることになります。

その他に、九州新幹線が開通して以降は、博多・熊本間を新幹線通勤する人も結構いますし、一番すごいと思ったのは、博多・鹿児島中央間を新幹線通勤していた強者です（月の手出しは一体いくらになるのでしょうか?）。

　私が知っている中では、博多・長崎間、新鳥栖・新下関間、佐賀・小倉間を通勤している強者もいました。

　最高裁に勤務していた際は、小田原・浜松間を通勤している方もいました。必ずしも長距離というわけではありませんが、東京近郊での通勤は本当に悲惨ですね。私の場合は、普通に通勤すると、最も混雑するとも言われている東京メトロ東西線で通勤することになるため、あえて、駅までたくさん歩くことにはなりますが、ＪＲと始発駅から乗れる地下鉄を利用して通勤するなどの工夫をしていました。

　さらに、福岡と大分を高速バスで通勤する人もいました。九州内では、高速バスで遠方まで通勤するというケースも珍しくなく、高速バスだと車酔いしやすい私には絶対無理だなと思っていました。

　このように、異動の多い裁判所職員は、通勤だけでもかなりの負担やストレスを抱えており、何とかならないものかと常々思っていました。一方で、これらの人事を決める部署にいるような偉い人に限って、ずっと福岡の本庁に居座っていたりするため、理不尽さは否めませんよね。

第5章

裁判を扱った
テレビドラマを考察！
～「イチケイのカラス」から～

これまでもドラマや映画で裁判について扱ったものはたくさんありました。古くは、「家裁の人」などが有名ですが、最近でも「女神の教室」で法科大学院について扱われていましたし、今回のクールでも、「ケイジとケンジ、時々ハンジ」や「勝利の法廷式」など裁判モノのドラマが放映されています。

私の大好きな名作「白い巨塔」も後半部分はがっつりと裁判のシーンだらけでした（私は故田宮二郎さん主演の「白い巨塔」のＤＶＤまで持っているほどのファンです）。

このように、皆さんはドラマで裁判シーンに触れる機会が意外と多いようですが、周囲の話を聞いていると、近年では、映画化までされた「イチケイのカラス」が好きだったという方が多いようです。

私が刑事部で主任書記官をしていた際に、ある超漫画好きの左陪席裁判官に「主任、この漫画面白いですよ」と紹介されて、購入したのが「イチケイのカラス」でした。

刑事部の様子がリアルに描き出されており、かなり楽しく一気に読みました。

ドラマ化されたときは、ちょうど裁判所を退職した直後だったので、あまり裁判所の話題に触れる気分ではなかったため（笑）、全て録画だけしておいて、この度約2年経って映画化されたタイミングで、ドラマの方も拝見しました。

そこで、今回の執筆と同じようなタイミングでドラマを観ましたし、映画化されるほど世間で興味が持たれているようなので、「イチケイのカラス」で描かれている裁判所周辺の内容について、「素朴な疑問」にお答えする形式で、実際はどうなのか触れてみたいと思います。

ちなみに、「イチケイ」というのは第一刑事部の略ですが、私の名前の「ケイイチ」に似ていてなんとなく親近感もわいています（笑）。

余談ですが、せっかく「ケイイチ」という名前だから私も「イチケイ」で勤務したかったのですが、刑事部では全て「3刑（サンケイ）」に配属されましたし、民事部でも「3民（サンミン）」で勤務しました。

関係ありませんが、思い返せば、小・中・高の12年間のクラスの中で3組が7回もありました。書記官研修の際の班も3班でしたね。私は3という数字にご縁があるんでしょうか（笑）。

疑問1 裁判官と書記官の部屋は同じなの？

「イチケイのカラス」では、裁判官と書記官が同じ部屋で執務をしていますが、実際は、裁判官と書記官が同じ部屋で勤務することはありません。多くの場合は、扉1枚ですぐ行き来できるようになってはいますが、部屋としては別々になっています。

ドラマの中では、裁判官と書記官の自由なやり取りを描きやすくするために、同じ部屋という設定になっているのでしょうね。

疑問2 「裁判官にとって一番大切なことは、話を聞いて聞いて、悩みに悩んで一番いい答えを出すこと」という入間みちお裁判官（俳優：竹野内豊さん）のセリフについて

「悩みに悩んで一番いい答えを出すこと」というのは、その通りだし、そう意識している裁判官は少なくないと思います。しかし、「話を聞いて聞いて」という部分は、そのよう

な意識の裁判官は多くないと思います。

証人等への尋問でも、裁判官として適切な（鋭い）質問を最小限でできることが、美学とされているようなイメージもあります。強いて言い換えるとすれば、裁判官は「事件記録を読んで読んで」という感覚なのではないでしょうか。

疑問3　弁護士が裁判官になることって本当にあるの？

多いわけではありませんが、「弁護士任官」といって実際に存在します。詳しくはわかりませんが、弁護士としての評判なども含めてかなり調査されることになるでしょうね。

疑問4　入間みちお裁判官（竹野内豊さん）のように裁判官は髭を生やしていいの？

はっきりとは覚えていませんが、髭を生やした裁判官は見たことがないかもしれません。

一般職の管理職で、髭を生やしていることがトレードマークのような人がいたのですが、ある一定のポジションになった際に、上から言われて、ついに髭を剃ったそうです。その後は、確かに髭を生やしていませんでした。個人的には、裁判官でも職員でも、別に髭ぐらいいいような気もしますが…。

ちなみに、この職員は、髭を生やしている頃は結構破天荒な感じで面白い方だったんですが、髭を剃って偉くなっていくにつれ、普通のことを言う真面目な職員へと変貌していってしまいました。組織的にはオッケーなのでしょうが、私としては何か残念な思いがしていました。こういう職員って結構いるんです。

疑問5 入間裁判官の決め台詞「職権を発動します!」って本当にあるの?

皆さんが一番関心ある質問はこれなのではないでしょうか? さすがに裁判官が立ち上がって「職権を発動します!」と宣言するようなことはありません。

ただ、「職権により…」と職権で行うことは、少ないもののないわけではありません。

ただし、裁判官が思いつき、事実上は職権であるのに、当事者による申立ての形を取らせることが多いです。

裁判所は、裁判所が主導で何かを行うことを避ける傾向にあるので、当事者が言い出したという形にしたいのでしょうね。そういう意味では、通常の裁判官は、入間みちお裁判官とは正反対のマインドでいることが多いと思います。

疑問６　裁判官が現場に赴いて検証することって本当にあるの？

これはドラマだからやっているような気もするでしょうが、実際に裁判官が現場に赴いて検証をすることは、非常に少ないもののないわけではありません。

ただ、検証した際に作成する調書はかなり難易度が高いため、書記官泣かせの手続ではあります。民事事件の場合は、正式な検証という形ではなく、調書の記載も簡単で済む「進行協議」という形で、裁判官と共に事実上現場に赴くことも割とありました。

疑問7 「裁判官の赤字が多いと主任書記官が出世できない」って本当なの？

この「赤字」というのは、その月に新件として担当になる事件の数が、その月に終わらせた事件の数よりも、上回ってしまうことを言います。新件よりも多く事件を終わらせなければ、裁判官の評価が悪くなることがあるのは事実のようです。

ただ、裁判官が赤字を出したからと言って、一般職員である主任書記官に何らかの影響があることはほとんどないと思います。

疑問8 入間みちお裁判官（竹野内豊さん）のように法服を着たまま外出することはあるの？

裁判官でも書記官でも法服を着たまま裁判所の外に出ることはまずないでしょう。ただ、庁舎の造りによっては、一般の方々と法服を来た裁判官がすれ違うシーンは見られないわけではありません。

疑問9　「入間みちお裁判官（竹野内豊さん）の一挙一動に、なるべく鈍感でいることを心掛けるように」という川添主任書記官（中村梅雀さん）のセリフについて

入間裁判官のように色々と変わったことを言う裁判官や一般職員もいますが、なかなか裁判官が言うことを無視するわけにはいかないのが現状です。職員のおかしな言動に対してなるべく鈍感でいるべきだというのであれば、よく理解できるところです。

これは、裁判所で上手くやっていく秘訣の一つだと思いますが、おかしなことを言っている人を完全にスルーするというのもなかなか難しいですよね。

疑問10　このドラマのように書記官が2名も法廷に立ち会うことはあるの？

法廷で書記官が2名立ち会うこともできますが、ほとんどそのようなケースはありません。ドラマ内の書記官2名のそれぞれの独り言やリアクションを描き出すための演出でしょ

う。ただ、最高裁の大法廷では、テレビに映る法廷のシーンを見ている限りでは、書記官が必ず2名立ち会っているようです。

疑問11 入間みちお裁判官（竹野内豊さん）のように法廷でネクタイをしていない裁判官はいるの？

クールビズが始まった頃から、少ないですが、ネクタイをせずに法服を着ている裁判官もいると思います。特にネクタイをしなければいけないというルールはなく、書記官の場合も同様です。

ただ、冒頭にテレビ撮影があるような場合は、ネクタイをして臨むことの方が多いと思いますが、テレビ撮影でもネクタイをしていない庁もあるようです。

ちなみに、私はネクタイをするのが好きではないのですが、法服を着る際には必ずネクタイをしていました。

疑問12　最高裁の関係者が裁判所まで来て、裁判長の交代を要求することはあるの？

まずありません。そもそも裁判官が行う訴訟指揮について、他の人が口を出すことは「裁判官の独立」を害することになります。その裁判所の所長であっても、高裁長官であっても、最高裁長官であっても口を出すことは許されません。

疑問13　「差し支えます」「お請けします」という言葉がよく出てきますが、本当に使われているの？

「差し支えます」も「お請けします」も法廷の中でよく使われる言葉です。それに伴い、裁判所内の日常の会話でも、「この日飲み会は大丈夫？」「差し支えます（差し支えです）」などというやり取りはよく聞かれるところです。通常の会話ではなかなか使わない言葉ですよね。

疑問14 駒沢部長（部総括判事／小日向文世さん）が作った自費出版の本にランチマップがありますが…

前述のように、私は色んな裁判所でランチマップを作って周囲に配ったりしていました。ある裁判官は、以前作った私のランチマップを新しい情報に書き換えて利用していたようです。

職員は休憩時間が45分と決まっていますが、裁判官には勤務時間という概念がないため、じつは裁判官の方がランチをじっくり取れる環境にあり、ランチマップをより作りやすいのです。

大分以前になりますが、ある高裁長官がランチを食べ歩いて、詳細なコメント付きの充実したランチマップを作って配布していたようです。

そのような粋な裁判官とぜひお会いしてみたかったですね。

疑問15　裁判所と検察庁で野球をしたりするの？

これは、結構行われているのではないでしょうか。裁判所と検察庁以外にも弁護士チームも交えて野球大会が開催されたりもしているようです。ちなみに、士業でも、弁護士、司法書士、税理士、行政書士などに分かれて野球大会やソフトボール大会が開かれている地域も多いようです。

疑問16　「裁判官は被告人を裁いているように見えて、被告人が裁判官を裁いている」というセリフについて

これは、本当にそうだと思います。真実は被告人しかわかりえないわけなので、被告人は「なんだ、この裁判官。全然わかってないじゃないか。適当なこと言いやがって」と思っている被告人はいるでしょうね。

必要以上にビクビクする必要はないですが、このセリフに思いを寄せながら、ある意味

謙虚に裁判をしていく姿勢は裁判官として大切だと思います。

疑問17　裁判官が「未済」と書かれた決裁箱に入った大量の記録を処理していますが…

裁判官の机の上に「未済」「既済」という箱が置かれているのは事実です。ただ、坂間裁判官（黒木華さん）は、山のように積み上げられた決裁を上から順番に処理していましたが、下の方の記録ほど先に置かれているはずなので、その点に配慮する裁判官は多いと思います。

　というよりも、急ぐ順番を確認してから処理していく裁判官が多いはずですが、中には本当に上から順番に処理していく、職員にとってある意味迷惑な裁判がいないわけではないです。

　最高裁勤務時は、決裁権者がかなり忙しくなかなか決裁に目を通してもらえないため、「自分の決裁を未済箱の一番上に置きなおす合戦」が職員同士で繰り広げられることもありました（笑）。

疑問18　入間みちお裁判官（竹野内豊さん）のように裁判官が法壇を下りて、当事者のところに来ることはあるの？

入間裁判官のように法壇を下りて、当事者や証人に語りかけるようなことはないと思います。ただ、裁判所の事件記録を、書記官ではなく裁判官が証人の横まで持っていき、それを示しながら質問をするようなシーンにはたまに出くわすこともありました。

疑問19　裁判官が普通に被疑者ノートへ目を通しながら読んでいましたが…

被疑者ノートとは、被疑者が警察に捕まった後、取調べの状況などについて記しておくノートのことですが、このノートを直接裁判官が見るということはありません。刑事裁判では、裁判官が何でもかんでも証拠を目にすることができるわけではなく、刑事訴訟法のルールに従って見ることが許された証拠だけ目にすることができるのが原則になります。

疑問20 坂間裁判官（黒木華さん）のように、民事を担当するか刑事を担当するか選ぶことはできるの？

希望を言うことはできると思いますが、自分で民事担当か刑事担当かを選ぶことはできません。実際に、民事をずっと希望していたのに、刑事専門になった裁判官もたくさんいました。

書記官も希望を言うことはできますが、希望の分野で働くことが約束されているわけではありません。ただ、ずっと希望し続けていると、裁判官よりは書記官の希望の方が通りやすい気はします。

疑問21 合議事件で、勉強のために本来右陪席の裁判官が裁判長をやってみることはあるの？

できないことはないでしょうが、私は見たことがなかったと思います。現在、裁判所では、合議を通して裁判官を育てていこうとする取組みが行われているので、その一環として、本来右陪席や左陪席の裁判官が裁判長をやってみて、本来の裁判長（部長）がサポートをするというのはかなりいいアイディアかもしれませんね。

ただ、弁護士や検察官から、「しかるべき人に裁判長をしてほしい」というクレームが入るおそれはありそうですが…。

疑問22　駒沢部長（小日向文世さん）のように、裁判官がかつて裁いた被告人を再び裁くことってあるの？

なかなか珍しいと思いますが、何人かそういう裁判官もいました。その被告人を裁くのは3回目という裁判官もいたと思います。覚せい剤取締法違反や、窃盗など、繰り返し起こしやすい犯罪の場合に多いと思います。

東京のように裁判官が多い裁判所の場合は、あまりそのようなことはないでしょうね。

疑問23　裁判官3名が警察署に出向いて、証拠を出すように迫ることはあるの？

絶対にないです。テレビドラマ用の演出でしょう。

疑問24 裁判官が被告人の元へ直接接見に行くことはあるの？

物理的に不可能なわけではないでしょうが、そのような例はまずないでしょう。これもテレビドラマ用の演出でしょうね。

総括 「イチケイのカラス」のキャストについて

入間裁判官（竹野内豊さん）も、駒沢部長（小日向文世さん）も、坂間裁判官（黒木華さん）も、川添主任書記官（中村梅雀さん）も、さらには、日高最高裁判事（草刈民代さん）、井出検察官（山崎育三郎さん）など、他にはもっといいキャストが見当たらないくらい、ナイスセレクションなキャスト陣ですね。

皆さん演技も上手いし、かなり見入ってしまうドラマでした。ドラマがヒットするには、キャスティングって本当に重要だと思います。

第6章

皆が知りたい
裁判所ネタいろいろ…

前回反響の大きかった当直

前著で裁判所での「当直」について触れましたが、一般の方からは「裁判所でもそんな仕事があるとは知らなかった」、裁判所職員からは「よく書いてくれた。当直の大変さについてもっと書いてほしい」という声をたくさん頂きました。そこで、前著に補足する形で当直についてもう少し触れたいと思います。

裁判所での当直の一番の問題は、裁判所の男女比がほぼ同じくらいの比率であるのに、夜宿泊する宿直については男性職員のみが担当しており、男性職員の負担がかなり大きく、完全な逆差別状態を招いているということです。

さらに、夜中に業務をして寝られなかったとしても翌日は通常勤務をしなければいけないこと、当直手当を時給換算すると最低賃金を軽く下回るほど低額であることなど。

ただし、これらの問題について意見を述べたり是正を求めたりすると危険人物扱いされるような「ブラックボックス」状態になっていることも問題だと思います。

裁判所によっても異なるのですが、ある庁では、夜間の令状当番の裁判官が裁判所で待機しなくていいルールになっています。そのため、書記官等が令状を準備した後、事務官等がタクシーを利用して、裁判官の自宅まで記録を届けなければいけない状態になっています。

しかも、裁判官が令状の判断をする間は、近くのコンビニで時間を潰したり、コンビニがない場合は家の前で待っていたりすることもあります。後者の場合、不審者として通報された人もいるらしいですが、それは当たり前ですよね。

このような作業をしていたら、どんなに早くても令状処理に2時間くらいはかかってしまいます。令状を警察官に渡すのも遅くなりますし、繁忙庁では何よりも職員が仮眠さえとれません。

この一方で、裁判官が裁判所の当直用の部屋に必ず泊まることになっている庁もありますし、裁判所の庁舎のすぐ隣の裁判官宿舎に裁判官が住んでいて同じく負担が少ない庁もあり、この点でも同じ裁判所でありながら不公平だと思います。

これらの問題は一刻も早く是正すべきだと思うのですが、誰も手を付けようとしません。こういうときのために労働組合があるのではないかと思うのは私だけでしょうか？

有給休暇の使い方

裁判所には、いわゆる有給休暇があり1年で20日与えられます。1時間単位で使うことができる上に、最高で20日翌年に繰り越すことができるようになっています。

この有給休暇の取り方については、じつに職員の個性の違いが表れます。毎年ほとんど使わずに、いつも有給休暇の残日数が40日近くある人もいれば、毎年、年末近くになると、残日数が数時間とかになっており、遅刻をすると有給休暇を使い果たしてしまいそうなおそれから、周囲の職員に必要以上の心配をさせるような人もいます。

その他、よく遅刻をするため、朝の1、2時間の有給休暇として使うのが常習のような人、お昼休みが45分しかないため、余裕があるときに、その昼休みとセットしてランチタイムを充実させるために有給休暇を使う人もいます。

現在は、有給休暇をきちんと使うように奨励されており、少なくとも年16日は取得するような努力目標があったりします。また、部署ごとの休暇取得日数の平均を出して公表したりされます。

また、目標の日数に届いていない職員がいる場合には、管理職がその上司に理由を尋ねられたりもします。このように、裁判所の有給休暇の取得に関しては、以前よりはよい方向に向かっていると言えるかもしれません。

12月になると、駆け込み的にまとめて有給休暇を取得しようとする人が多発するため、計画的に有給休暇を取得しているような人が12月は休みを取りづらくなったりして、かなり迷惑を被ることもあります。

この有給休暇ですが、野球のＷＢＣの決勝戦などはみんなが競って取得したがったことでしょうね。きっと私が超野球好きということを周囲の皆が知っていても、「あの主任、ＷＢＣの決勝のときに有給取ったらしいよ」と、一部の心ない人たちから冷たい目を向けられていたことでしょう（笑）。

堂々とWBCの試合を平日昼間に観ることができ、「独立開業して本当によかった」と痛感したものでした。今後も、WBCだけでなく、サッカーのワールドカップ、オリンピックなどを平日でも夜間でも観戦することができますし、旅行も自由に行けるのがとにかく嬉しいですね。

どっちがえらいの？　お答えします

裁判所内での役職については、弁護士さんなど裁判所に関わる方々にとって、「どっちがえらいの？」かよくわからず戸惑うことも多いと聞きます。そこで、「どちらがえらいの？」にお答えする形でいくつか例を挙げてみたいと思います。

Q【高裁部長と地裁所長はどっちがえらいの？】

一般的には、地裁所長を務めた後に、高裁部長になることが多いです。ただ、地裁所長よりも格下の扱いを受けている高裁部長のポジションもあります。

Q【地裁部長と支部長はどっちがえらいの？】

一般的には、地裁の部長の方が支部長よりも格上です。ただ、これは小規模の支部の場合の話で、大規模な支部の場合は、支部長の方が地裁の部長よりも格上になることがあります。

Q【事務局長と首席書記官はどっちがえらいの？】

いずれも裁判所職員であり、それぞれ事務局のトップと事件部のトップなので、建前上は同列とされていると思いますが、実際は、事務局長の方が格上と言われています。ちなみに、事件部の首席の中でも、部署によって首席のランクが異なっていたりもします。

Q【地裁の訟廷管理官と高裁主任書記官はどっちがえらいの？】

一般的には、高裁主任書記官を務めた後に、地裁の訟廷管理官になることが多いです。ただ、東京高裁だけは、地裁の訟廷管理官を務めた後に高裁主任書記官になっており、高裁主任書記官が格上という扱いになっているようです。東京では、全般的に「高裁」の地位が他の高裁よりも圧倒的に高いような気がします。例えば、東京高裁管内だけ、最高裁の係長を経験した後に、ストレートに管理職とならない場合は、高裁のヒラ書記官になったりするケースが多いようです。また、東京高裁の部長は、他の高裁の部長と比べて圧倒的に格上の存在になります。最高裁に対抗するために、東京高裁の力を強めているのでしょうか？

Q【一般職のトップはどんなポジションなの？】

一般職のトップは、最高裁の「大法廷首席書記官」になります。各高裁管内での一般職のトップは、高裁の「高裁次長」であり、裁判官である「高裁局長」の下のポジションです。

どういう人が出世するの？

出世する人の特徴についてお話しする前に、実力があるから、仕事ができるから必ずしも出世しているわけではないことは強調しておきたいと思います。それは、一般企業や他の公務員であってもそうでしょうが、裁判所であっても同じです。

裁判官の場合は、事件をスムーズに処理できているか、周囲の職員の評判がどうか、なども基準にしながら、ある程度客観的に判断しているようにも思えますが、やはりどの部長の下についたかなどの運に左右される部分があるのも否めないと思います。

変な判決が続く様な場合は別ですが、思い切った判決を書くから出世できないなどの状況は、私が見る限りあるようには見えませんでした。

一方で、裁判所職員の場合は、書記官になる際、管理職になる際に選考があるため、その通過点は公平に扱われていると思います。ただ、管理職になった後、どのように昇進していくかについては、人事権を持っているような人にいかに気に入られるかが非常に重要になってきます。

結構オラオラ系の人が上層部に気に入られて昇進していくパターンがあるのですが、それらの人を見ていると、そのオラオラ系の感じを、人事権を持っているような人には一切見せておらず、その人の前だけ従順に振る舞っているという共通点があると思います。

言い換えれば、誰がキーパーソンなのかを的確に判断し、それらのキーパーソンには決して牙をむかず気に入られるという嗅覚が研ぎ澄まされていると言えます。

あまり実力もない感じなのにすごく出世した人は、とにかく上層部をヨイショする能力に優れていました。


ある職員は、結構上にもモノが言えるような人でしたが、自分の次の異動先を聞いて、「俺はニンジンをぶら下げられているから」と言い、全く上に抵抗しなくなったのを目の当たりにしたときには、非常に残念な思いをしたことを覚えています。

「出世と引き換えに大切な何かを失っていないか？ 大丈夫か？」と言いたかったです。


ちなみに、裁判官や書記官が出世に関してどれだけナーバスになっているかと言えば、「人による」と答えるしかないと思います。裁判官は、裁判官というだけでそれなりのステータスがあるからか、そこまで出世にこだわっている人が多いようにも思えませんでした(もしかしたらそう見えないように大人の振る舞いをしていただけかもしれませんが…)。

なお、書記官は、パートナーを組んでいる裁判官の事件処理のスムーズさ（早く事件を落としているか、事件を滞留させていないか）などにより、評価が変わるのかという質問をよくお受けしますが、余程のことがない限り、その点で書記官の評価が左右されることはほとんどないと思います。

理不尽な人事

法律の番人である裁判所も組織である以上、少し首を傾げたくなる人事異動が繰り広げられることがあります。

「何であの人がそんなに偉くなっているの？」等の人事は、女性登用重視の影響で近年かなり見受けられるようになっていました。そのあおりから、本来出世すべき男性の出世のスピードが遅くなっているような逆差別的な人事も見受けられました。

また、順調に出世している方でも、一度や二度は「一瞬干されたかな？」というような人事を経験することもあるようです。きっと、その方の上司にあたる方のご機嫌を何らかの形で損ねたのでしょうね。管理職以上になると、そのような主観的な理由でも、容赦なく干されることもあるようです。

さらに不思議だった話がありました。

小さな支部では、庶務課長（兼主任書記官）という一般職トップのポジションにいた方が、ステップアップした場合は（訟廷）管理官になるケースが多いのですが、そうでない場合は、再び普通の主任書記官として勤務することになり、ステップアップしていく人とそうでない人の基準内容が全く理解できなかったことです。

明らかに、あの庶務課長の方がよかったな、頑張っていたなという場合でも、逆の人事になることが散見され、いつも不思議に思っていました。

結局のところ、人事の権限を握っている方に好かれているかどうかが重要なのでしょう。

ちなみに、ある庁のある部の首席書記官は、事務支局勤務がほとんどだった中首席書記官になったのですが、自分が事件関係に疎いことを理解した上で謙虚な態度で仕事に臨まれていました。

毎朝全ての部屋に顔を出して、「おはようございます」と挨拶をされていました。庁内では厳しい方との評判でしたが、尊敬に値する素晴らしい方だったと思います。

その方に、「中村さんとはまた一緒に仕事をすることがあるかと思いますが、そのときはよろしくお願いします」と言われ、本当に嬉しかったですね。

一方で、同じ庁のある部の首席書記官は、同様に事務局勤務がほとんどの状態で首席書記官になったのですが、首席部屋にこもりっきりで「密室外交」のようなことを続けていました。

その部の職員に「首席の顔って誰も知らんよね。名前は何やったっけ？」などと陰口を叩かれていました。どちらも、同じように出世を続けているようですが、一体どうなっているのでしょうね。

このように、公務員でいる限り（組織の中にいる限り）、自分の人生の主導権は一生自分では自由に操ることができないと思います。基本的には「異動です」の一言で、いとも簡単に人生を変えられてしまう運命にあります。まさに「異動ガチャ」の世界ですね。

裁判所職員の転身先

最近は、私のように、裁判所職員を定年より前に辞めた人も割といるような気がします。在職中はあまり気にしていませんでしたが、今から振り返ると、特に近年は40代の割と優秀な部類の職員が早期退職して、別の道へ進んでいる傾向があるような気がします。

以前は、裁判所職員の転身先としては、簡易裁判所の裁判官が多かったようですが、最近は若い人が実力で選考に合格することが難しくなっており、定年間際の幹部が「すごい下駄」を履いた状態で合格していることが多いようです。

執行官になる人もちらほらいましたが、定員が多いわけではないし、20年前ほどは稼げないため、それほど人気がある状態ではありません。

一部では司法試験に合格して弁護士に転身する人もいますし、不動産業者になったり、実家の家業を継いだりするような人もいました。

ちなみに、裁判官は、司法試験に受かって既に弁護士の資格を持っているため、退職した場合の転身先は、弁護士であることがほとんどです。

裁判所職員は、前に別の職に就いていて裁判所職員に転身してきた方も割といますし、法科大学院に行ったものの司法試験に合格できずに、30歳ギリギリくらいで裁判所に入ってきたような方も割といます。

裁判所職員の前職の例としては、警察官、飛行機の整備士、悪名高かった某ローン会社など、意外とバラエティに富んでいる気がします。

中でも、簡裁判事（略して「簡判（カンパン）」などと呼ばれ、ちょっと揶揄された表現です）に転身する人が多いので少し触れておきたいと思います。

現在では、簡裁判事になる方は、書記官としての裁判等の実務経験が少なく、事務局での経験がほとんどの方が多いのが現状です。当然、書記官として多くの裁判に関与し、たくさんの裁判官を身近で見てきた書記官の方が簡裁判事としての適性はあると思いますが、現実のところ、そういう職員は近年あまり簡裁判事になっていません。

私も簡裁判事が書いた判決への控訴事件を数多く見てきましたが、特に民事事件ではなかなかとんでもない判決書を書いていた裁判官もいました。
「親ガチャ」という言葉が最近はやっているようですが、弁護士さんたちの間では「簡判ガチャ」（簡判（カンパン）には当たり外れが大きいという意味）という言葉が使われているそうです。

今退職している世代は、まだ年金がもらえるので、ギリギリ逃げ切りセーフくらいだと思いますが、その後の世代は、65歳に引き上げられる定年後をイメージしておかないと大変なことになると思います。
そして、65歳で退職しても退職金や年金は減っていく一方であるため、その後退職金や年金だけでは生活していけなくなるのは間違いないと思います。その場合、65歳を過ぎて、畑違いの仕事を何とかこなしていかないと、老後を食いつないでいくのはなかなか厳しいかもしれません。

国は時代の流れに合わせて方針をどんどん変えていくので、もはや公務員といえども終身雇用に期待してはいけないと思います。裁判所の役割や在り方もＩＴ化に伴って変わってくるかもしれません。

そうすれば、現在の裁判所に速記官がほぼいなくなってしまっているように、書記官や調査官といえども、その地位も安定とはいえないとも思えます。裁判所での人員減も必至であり、公務員といえどもいつ解雇されてもおかしくない時代が来るかもしれません。

そうすると、人にもよるかと思いますが、いずれかの段階で早めに退職して新たな道を早々に選んだ方がいい場合もあるでしょう。

例えば、株式の世界で「損切り」という言葉があります。

株式を持ち続けていて、株が下がり続けたところ、「ここまで持ち続けていたのだから…」とだらだら持ち続けるのがいいのか、スパッと売って次の株を買うのかで悩むと思いますが、後者の選択を選ぶことを「損切り」と言います。

株では「損切り」をすべきだと言われますが、株とは異なり、人生は1回しかないのですから余計選択が重要になってくると思います。

楽しんでいる、充実していると思えているのならいいですが、一生をかけて、ただしがみつくだけの人生はもったいない気がするのは私だけでしょうか。

第7章

最近話題の裁判所ネタいろいろ…

弾劾裁判

現在の裁判所関係のニュースで最も重要だと思われるものは、なぜかマスコミでは報道されることがほとんどありませんが、「岡口基一裁判官の弾劾裁判」ではないでしょうか。私は、ネットで得る情報程度しか知りえませんが、その事実関係を前提にすると、弾劾裁判を実施すべき事案だとは到底思えません。

これまでの弾劾裁判の事例を見てみると、盗撮、ストーカー行為、児童買春、収賄など明らかな犯罪行為に裁判官が関与しており、弾劾もやむを得ないことが誰の目にも明白です。一方、今回の事案については、「ＳＮＳでの発信」であり、それらに匹敵するような行為とは思えませんし、いくら裁判官とは言え、私人での立場の「表現の自由」を侵害しているという点でもかなり問題があると思います。少なくとも罷免になるような事案ではないのではないでしょうか。

私も、岡口裁判官の要件事実に関する著書は、書記官として実務を処理する上でいつも参照させて頂いていましたし、要件事実の勉強をする際も、これほどわかりやすい本は他にありません。

また、弾劾裁判を傍聴に行った方がその様子をＳＮＳやブログに上げていますが、裁判を理解している国会議員が弾劾裁判所の裁判官を務めているのだろうか、と疑問に思う点も少なくありません。公正かつ適正な弾劾裁判を実施してほしいものです。

裁判官としての任期の関係もあるし、おそらく今回は残念な結果に終わってしまう可能性が高いと思われます。ただ、本件は、「司法」に関する重要な問題をはらんでいると思いますので、これを機に、国民全体がもっと関心を持って様々な議論等をしてほしいものです。

裁判所のＩＴ化

裁判所では、「民事裁判のＩＴ化」が進められていますが、そのスピードはかなり遅いです。そもそも、裁判所はＩＴに強くないといっていいでしょう。システム等は利用しているものの、裁判所はまだまだ紙文化が中心だからです。

しかも、最高裁に新たな部署を作って対応しようとしているようですが、それでもＩＴ化への対応が異常に遅すぎると思います。私が10数年前に訪れたオーストリアの裁判所では、当時既に記録が完全に電子化されており、「日本ではまだ紙を使っているのか？」と驚かれました。世界的に見ても日本の裁判所のＩＴ化はかなり遅れていると思いますし、ＩＴに関するセキュリティ等の意識も高くないと思います。

色んな職員がいるからというのもあるでしょうが、庁内で標的型メール訓練として怪しいメールを開封するかどうかをテストした際、結構な人数が危険なメールを開封していたのが現状でした（裁判官も例外ではありません）。

また、「裁判のＩＴ化」に伴って、証人尋問等も録画して、後から見返せるようにするべきではないかと思います。また、裁判員裁判で利用されている音声認識技術のクオリティがあまりに低すぎるため、いい加減見直して、音声認識による調書の文字化を行うべきではないでしょうか。

この音声認識技術の誤変換がすごすぎて、長時間の裁判員裁判の際に眠くなった場合などは、この音声認識技術の誤変換っぷりを眺めながら目を覚ましたこともあるくらいでした（狙っているのではないかと思うくらい笑える誤変換も多く、笑いをこらえるのが大変な場合もありました）。

最近、民事訴訟の当事者である国の指定代理人が、裁判所でのやり取りを裁判所の許可なしに録音していたとの報道がありました。現在のルールの下で、国の指定代理人がこのような行動を取るのはかなり問題だと思いますが、そもそも録音や録画をしていけないというルールは少なくとも口頭弁論においては必要ないのではないでしょうか。

書記官の調書作成という仕事がなくなるかもしれないことはさておき（調書作成以外にも業務はいくらでもあると思います）、裁判所の中での常識のみに捉われることなく判断し、「裁判の見える化」を進める時期に来ているのではないでしょうか。

また、最近のネットニュースで、刑事事件を担当した弁護人の８割が、書記官が作成した調書が不正確だった経験があると回答していました。意外に思われるかもしれませんが、書記官になるための研修において、尋問調書等をどのように作成するかという点については、それほど重要視して教育されていません。

しかも、現在は、尋問調書作成において、ほとんどが業者に文字起こしを依頼する録音反訳が用いられていますが、その反訳をする録反業者の文字起こしの精度が低いため、書記官もその誤字脱字に引っ張られがちなのです。このような現状から見ても、そろそろ裁判の録画や録音という形で残すべきときに来ていると思います。

事件記録の廃棄

最近、裁判所関連で騒がれている問題の一つに「事件記録の廃棄」があります。歴史的に重要な意味を持つような世間の注目を浴びた事件記録が、形式的に廃棄されていたとの報道が相次いでなされました。

事件記録は、確定した時から一定の期間（5年など）を経過すれば、まとめて廃棄することになっています。その方法は、職員がシステムを使って廃棄の対象となる事件記録をリストアップし、後は、記録庫で現物と照らし合わせ、最終的には決裁権者の決裁印をもらった事件記録を業者などが庁内でシュレッダーにかけることが多いと思います。決裁権者が実際の事件記録にあたることはまずありません。

　このような流れの中で、世間の注目を浴びたような事件記録は特別保存することができるような規定になっているのですが、いくら大きな事件であっても当時の担当者が残っていることはほとんどないでしょうから、記録廃棄時に、どの事件記録を残すべきかの判断をすることは難しいと思います。

　おそらく、裁判所の関係部署は、現在、必死になって重要な事件の記録の保存が可能になるようなルール作りをしているところだと思いますが、事件が確定した時点で、ある程度客観的な基準で判断して（例えば、新聞３紙以上に報道された事件の記録は特別保存するなど）、誰の目から見てもわかるように、システム上も記録上も廃棄せず特別保存する旨明示しておくしかないと思います。

　ちなみに、これまでも事件記録の廃棄については問題が生じていました。ある大きい庁では、廃棄する記録の量があまりに多すぎて追い付かず、廃棄すべきタイミングで事件記録が廃棄されてないという状態になっていたそうです。

　また、間違えて本来廃棄すべき時期よりも先に廃棄してしまった事例や、逆に記録を保存するというルールもない状態で、歴史上の有名人に関する事件記録だという理由で根拠なく廃棄をしていない事例などもあったようです。

じつは、裁判所全体の空気として、「自分が処理したミスが発覚されたくないから、事件記録はできれば早く廃棄してほしい」という心理が根底にあります。この心理は、一般の方が民事事件記録を閲覧することができるのに、閲覧に来た場合でも、「間違いを見つけられたら嫌だから事件記録はできる限り見てほしくない。なんで私の記録を見にくるの？」という心理状況になる形でも表れています。

裁判所（裁判官も裁判所職員も）の意識を変え、「事件記録は誰にでも見られるのが当たり前」「記録に間違いがあるからといってとがめ過ぎない」というルールを徹底していくべきではないでしょうか。

裁判官らしさとは

裁判官は、難関の司法試験の合格者の中でも優秀な成績だった方がなっているようです。やはり、一般の方にとってはかなり遠い存在なのでしょうか。私も、新人事務官として採用された直後、用を足す際にトイレで裁判官に挟まれた時、何かすごいなと思ったくらいでしたが（笑）、徐々に「頭が良い方の普通の人」との印象に変わっていきました。

裁判官として裁判をするにあたっては、やはり「裁判官のイメージ」というものはある程度は重要になってくるのでしょう。ですから、「裁判官らしさ」というものをどうしても求められてしまうのはやむを得ない側面もあると思います。

だからこそでしょうが、その「裁判官らしさ」からはみ出そうとすると、裁判所内部から排除や批判等をされてしまうような動きになるのではないでしょうか。

例えば、以前、民事事件の判決書の理由の部分をかなり短く書いていた裁判官が問題にされましたし、最近では、刑事事件を第1回公判で結審し、その日のうちに判決を言い渡す裁判官が、被告人のことを考えていなさすぎるのではないかとして、新聞で報道されていました。結論は変わらないにしても、一週間はしっかり考えましたよ、という「裁判官らしさ」が求められているのだと思います。

前述した岡口基一裁判官も「裁判官らしさ」からはみ出してしまったことが原因でしょうから、同様ですよね。ただ、裁判官も人間ですから、これらの例は、「裁判官らしさ」

を超えたとしても個性として許容されてもよいレベルではないかと個人的には思います。

書記官という視点からみると、一般的には、「裁判官らしい」裁判官との仕事の方がやりやすいかもしれません。スケジュール等をしっかり守る、判決書を早めに渡してくれる、調書等の決裁をすぐ処理してくれる「裁判官らしい裁判官」だと助かります。

優秀な裁判官は、かなり大部に渡る判決になりそうな大型事件などの判決は、まだ結審する前から、計画的に書ける部分から判決を書いて、しっかりと準備をしていたりします。

ちなみに、裁判官が法廷で着る法服（書記官の着る法服とは微妙に違います）は、他の色に染まらないようにとの理由で黒にされているようです。ただ、これについては、仲良くしていたある裁判官が話していたのですが、裁判官の仕事を数年間離れた際に、法服を押入れかどこかにしまっていたら、数年の間に黒い法服がほこりで真っ白になってしまっていた（黒であっても他の色に染まってしまっていた）という笑い話もありました。

裁判員裁判の今後

裁判員裁判がスタートしてから早くも十数年が経ちました。当初は、「一般の方が裁く側に参加して上手くいくのか？」とかなり懸念されていましたが、予想されていたよりは軌道に乗りいい感じなのではないかと思っています。

裁判官が一般の方と接して、一般の方の考えに触れるという、貴重な機会を得ることができていると思います。また、一般の方にも司法の理解を深めてもらういい機会になっていると思いますが、もう少しその貴重な経験について周囲に語る機会が設けられてもいいのではないかとも思います。

同時に、裁判員裁判には、様々な課題が指摘されているところです。裁判員が参加する裁判の部分は短期間で終わっているものの、そこに至るまでの公判前整理手続が長過ぎるとの指摘がなされていますが、その通りだと思います。

また、裁判員が参加する日数が3、4日くらいに収まっていますが、裁判員の負担を考えすぎて公判の日数を減らすあまり、十分な審理ができていないのではないかとの指摘もされています。

以前、裁判員が悲惨な写真などを見て体調を崩したことがあったため、裁判員用のメンタルヘルス対策もなされたりもしました。裁判官はこれらの写真を裁判員に見せることなどにかなり気を遣うようになりましたが、写真の代わりにイラストにして裁判員に提示するなどの配慮をしても、真実から遠ざかっていってしまうのではないかとの懸念もあります。

「本当に刑事事件だけを対象にする形でいいのか？」との問題もあると思います。民事事件は入れなくてもいいのか、国民の関心が高い選挙犯罪を入れた方がいいのではないか等についての議論も必要でしょう。

「死刑にするという重い判断を本当に裁判員にさせてもいいのか？」という議論もあるでしょう。死刑判決を出すときはプロの裁判官でも思い悩み、相当躊躇するようですが、どのような理由があるにせよ、「他人に死を命ずる」のはやはり一般人である裁判員にとっては重過ぎるのではないでしょうか。

今後も、よりよい裁判員制度を目指して、以上のような問題点について議論を充実させていく必要があるでしょう。

2点ほど裁判員裁判に関してよく尋ねられることがあるのでお答えしておきます。

1点目は、「裁判員裁判では、何度も抽選をして選ばれる機会があると思いますが、本当にランダムに抽選をしていますか?」という質問をよくお受けします。裁判員候補者名簿登載時に選ぶ段階、裁判員候補者として実際の裁判に呼ぶ段階、最後に裁判員を選ぶ段階でのすべての抽選が公正にランダムに行われていますのでご安心ください。裁判員制度が始まって2年目に、私も裁判員候補者名簿に載って通知が届いたぐらいですから…(笑)。

2点目は、「裁判員として参加しても、結局は裁判官の意見に引っ張られてしまうのではないか?」という質問です。裁判官と裁判員の話し合いである「評議」には、書記官であっても入ることはできないため、現認したわけではありませんが、裁判官はそうならないように注意を払っているようです。

刑の重さを決める際にも、「量刑検索システム」というシステムを使って、どういう事案の場合にどのような刑になるのかを具体的に示していると思います。ですので、裁判官に誘導されるというよりは、「こうなった場合はこうなることが多いです」などいくつかのパターンを提示して、裁判員が自分の考えで意見を言えたり、選べたりすることができるように配慮されているようです。

裁判所の国際化

10数年前に最高裁で勤務した際は、東京のコンビニの店員が外国人だらけでかなり驚いたことを覚えていますが、最近は、福岡のコンビニの店員にも外国人の方が随分増えてきました。今後の日本の労働人口を考えると、外国人の方々の労働力なくしては社会が成り立っていかないと思います。

現に、長い間続いてきた技能実習制度も廃止になる方向で話が進められています。私も、今後の更なる国際化を考えて、「外国人ビザ（正確には、「在留資格」と言います）」も業務の専門分野にしています。

そんな中、裁判所の国際化は著しく遅れているといっていいでしょう。前著で、外国人当事者に対応するために「裁判所内で語学研修があった」とお伝えしましたが、時代に逆行するように、その語学研修はなくなってしまったそうです。また、任意団体である「日本裁判所書記官協議会」は、数十年にわたってヨーロッパの書記官（司法補助官）たちと交流を続けてきましたが、ごく一部の交流に止まり、せっかくの機会が生かされていないように思えます。
やはり、同協議会やその内部の国際交流を図る部門が、非常に閉鎖的な発想で活動していることがその一因といえるでしょう。

私が、裁判所勤務時に「裁判所説明会」等に参加した際に、これらの国際化の話には学生がかなりよく食いついていました。また、退職後に、裁判所のことを話す講演でも、語学研修、ヨーロッパの書記官の総会への参加、アメリカ出張などの経験の話をすると、同様に、「裁判所でも国際的な活動に関与できるとは思いませんでした」などと、学生の食いつきは非常にいいです。

今後は、外国人当事者への対応や、外国人のための通訳人の確保など、裁判所として国際化に対応していく必要があることは明らかですから、いい加減国際化に対応する部署を設立するなど準備を進めた方がいいのではないかと思っています。

もちろん全員が関与できるわけではありませんが、「裁判所でも国際的な業務に携わることができる」というアピールポイントは、近年裁判所職員への志願者数が減少傾向にある中、学生に向けてのかなりの武器になるのではないでしょうか。

コラム⑤

メンタルになってしまう人たち

裁判所にはメンタルになって休職をする職員が非常に多いです。小さい支部にそのような職員を配置することはまずありませんが、大きな庁にはたくさんおり、私の周囲にも必ずそのような職員がいたように思います。

結果的にどんなにえらくなった職員でも、周囲の職員や業務内容によっては、メンタルになる危険性はあったはずです。実際に、メンタルにならないと言い切れる人間などおらず、誰もが一歩間違えばメンタルになりうる危険がある紙一重な状況だと実感しました。

現に、現在はかなり上層部にいる職員も、最高裁勤務時によく姿を見かけましたが、「どんなにつらい思いをしているんだろう」と思えるような表情をしたり後ろ姿を見せたりしながら歩いていました。だからこそ、その職員は、メンタルの一歩手前になるような人の気持ちはわかっているはずなので、偉くなった後に、その時の気持ちを忘れ、部下等の周囲の職員への対応が良くない状態であるのが非常に残念に思います。

また、同様に、現在かなり上層部にいる職員で、周囲への接し方も最悪ですし、ほとんどアル中なのではないかというくらい、自分のバランスを失っているような職員もいました。たまたま、後に、その職員の高校の同級生の方とお話しする機会があったのですが、高校時代と全く変わってしまったと言っていました。組織の中で偉くなった一方で、人として非常に大切なものを失ったのでしょうね。意外とそのような職員が多いのが残念なものです。

メンタルの職員が多くなってしまう要因には、裁判所の以下のような状況もかなり影響しているかと思います。

残念な職員が結構いることは前著で書いたのでおわかり頂けたかと思いますが、数値目標達成のための、無理な女性登用もかなり多く、残念な女性上司も増えていると実感していました。上司部下の関係であっても敬語で話すことが多い裁判所の中で、タメ口で喋ることが当たり前と思っている（下手したらタメ口で話すことで親近感があると勘違いしている）、自分がどれだけ上からえらそうにしているかが全くわかっていない上司は、特に女性に多かったような気がします（もちろんそれだけの人間関係が当事者間でできていれば問題ないと思います）。

これも前著で詳しく触れましたが、裁判所では部署異動の頻度が高いのに、前任者からの引継ぎの状態がかなり悪いため、それらも異動直後にメンタルが急増する要因の一つになっていると思います。異動直後は、どのような参考文献や資料があるのを知ることが重要なのですが、担当事件等の個別具体的な引継ぎはともかく、それらの情報は勤務地に関係なく全国で同じはずなのですから、どのような参考文献や資料を参照したらよいかくらいの情報は、全国的に共有したらいいのではないでしょうか。これらの情報を出し惜しみするような、前任者や周囲の職員が多すぎるような気がして残念に思います。

公務員は人によって向き不向きがある上に、実際働いてみないと向き不向きがわかりづらいという点も問題だと思います。働いてみてすぐに公務員に向いていないと気付いたのに、無理をして一生仕事をしていこうとするからこそメンタルにもなりやすいのでしょう。これは民間企業についても同じだと思いますので、終身雇用を前提としたシステムではなく、合わなければ転職しても不利にならないなど、やり直しの機会を与えるシステムにするべきでしょう。

ある上層部の方は、「裁判所でしばらく働いていた人が、裁判所が合わないからといってどこに転職しても上手くいかないだろう」と言っていましたが、通常はその通りなのかもしれません。早期に人生の舵を切りなおしやすい仕組みになってほしいものです。

現在、仕事柄公務員に接することが多いですが、公務員という業務自体がメンタルになりやすいのではないかとも思っています。

例えば、市役所や区役所に戸籍等の請求に行くことが多いのですが、明らかにわざと遅く処理して自分の仕事を減らそうとしている職員が結構いると思います。そうすると、きちんと仕事をしている職員の仕事量だけ多くなるわけですが、裁判所でも同じことが起きていると思います。

できない人の分はできる人がカバーすべきという発想がバランスを失うくらい強すぎて、給料は安い、管理職手当も安い、見た目の年収だけもらっているように見えて実際の手取りは少ないという状況も考えると、ちゃんとした人ほど公務員の仕事が馬鹿らしく思えてしまい、メンタルになってしまうことが多くなるのではないでしょうか。

また、最近、公務員がつぶやくコメントがＳＮＳ上によく上がってきますが、ある公務員の方のコメントで、「好きな言葉は前例踏襲、嫌いな言葉は企画立案」という表現を見ました。公務員になった当時は、その逆の発想だったはずですが、年数を重ねるにつれて残念な発想に変わっていったのでしょう。

裁判所も全く同じで、私はいつまでも当初の考えを維持していたからこそ、そのような現状に嫌気が刺して、裁判所を卒業する決断をしたのだと思います。「それが公務員」といえばそれまでですが、大抵の公務員を募集するパンフレットでは、「あなたの独創的な考えを…」などと謳っているのですから、それではすまされないと思います。

終わることのない不祥事

裁判所ではかなり多くの裁判官や裁判所職員を抱えていることから、不祥事が絶えることはありません。私の退職後も、数多くの不祥事が報道されていました。

裁判所は、一生に一度関わるかどうかわからないような案件ばかり扱っている職場なのでストレスが多いことは間違いないのですが、ストレスが多いからといって不祥事が許されるわけではありません。

先日も、某高等裁判所の課長（一般職員としてはかなり偉いポジション）が盗撮をしたという報道がありましたが、かなりのストレスがあったのだと思います。また、飲み会が絡んだ不祥事も多いと思います。

ちなみに、飲み会に仕事関係の書類やＵＳＢを持参して酔っぱらって紛失したというケースは結構あるのですが、その場合、一緒に飲み会に参加したメンバーも含めてかなり調査をされることになります。どこのお店に行き、誰がどのくらいのお酒を飲んだのかなども聴取されるわけですが、みんなお酒を飲んでいるとは言え、当の本人たちの認識がかなり違うことに驚いたこともあります。


日頃から裁判に関わっている裁判所の人間でさえそうなのですから、裁判で証人として呼ばれても証人の記憶はあまり当てにならないものだなと痛感しました。

また、書記官が事務処理を怠り、その事務処理をしたかのように書類を偽造したという報道もあり、元裁判所書記官として非常に残念な思いをしました。しかも結果として不起訴になったようで、処分が甘すぎるのではないかとも思いました。

公証事務を行う書記官が意図的に偽造をするということ自体あってはならないことですが、それよりも、そのような状況に書記官を追い込むような職場の環境を作ってしまっていることも問題だと思います。事務処理がわからない場合に、他の人に尋ねづらい雰囲気を組織として作ってしまっているということは非常に残念です。

特に、これまで担当したことのないポジションに管理職として異動となった場合（特に小さい支部の場合はなおさら）、周囲の職員に聞きづらい雰囲気であるケースも非常に多いので、組織としてケアしていく必要があるでしょう。

さらに、先日、ある裁判所で上司からパワハラを受けたことを理由に、元書記官が国を相手に提訴したとの報道がなされていました。なんと最高裁がすでに公務災害として認めている事案のようで、今後の行方が大変気になりますね。裁判所でのパワハラについては、前著の「ハラスメントはある?!」に詳しく書いていますので、まだお読みいただいていない方はぜひご覧頂ければと思います。

ちなみに、犯罪とはっきりわかる場合などは、懲戒免職などの対応をされることが多いのですが、事務処理を長期間遅滞していたなどのケースでは、辞めさせるという手段は取りづらいケースもあります。そのような場合、過去にも同様のことをしていたようなときは、本人から退職を申し出るような方向に持って行っているフシもあるように思いますが、事務遅滞を繰り返すような職員は、その後改められるということは少ないので、本人のためにも早めに別の道を模索した方がいいだろうなと私も思います。

第8章

古き良き時代はこんな楽しいことも…

レクリエーション大好き

裁判所と言えば「お堅い」「真面目」というイメージが依然として強いようです。私も、講師として講演をした後やお客様の相談に応じた後、「元裁判所の人って聞いていたからどんなにお堅い、真面目な人かと思っていましたが、こんな気さくな先生だとは思いませんでした」と数多く言われた経験があります。

ところが、私が裁判所に入った頃は、従来の裁判所のイメージを覆すような、裁判所の中でのレクリエーションがまだ残っていた時代でした。私は裁判所でのレクリエーションを経験できた最後の世代かもしれません。

当時採用された庁が小規模庁だったこともあると思いますが、覚えているだけでも、ボウリング、野球観戦、ヨガなどのレクリエーションが、裁判所での福利厚生の一環として企画されていました。裁判所は意外にもレクリエーションなどのイベント好きな側面がありました。

ボウリングもかなりの人数が参加して景品もたくさんあったように記憶していますし、もっと小規模の庁では、ヨガの先生を呼んでヨガ教室をするような、変わったレクリエーションもありました。

はっきり覚えてはいないのですが、どのレクレーションに参加するか選べるような場面もあり、その中でプロ野球の試合を観戦しに行くような企画もありました。プロ野球好きのまとまった職員で応援に行くのですが、出席した一番偉い方が、大多数の方々が応援している方のチーム（当時、福岡ダイエーホークス）の敵チーム（当時、西武ライオンズ）のファンであることが判明して、みんなが応援を遠慮しているような場面もあり、なかなかその姿を見ているのは微笑ましいものがありました（私も西武ライオンズファンなのでなおさらそう思いました）。

ところで、レクリエーションとは直接関係ありませんが、書記官の研修で私の同期だった書記官が、クイズ番組「アタック25」で優勝しているような場面にも遭遇しました。裁判所の職員がプライベートでテレビに出ているってなかなか想像つかないのではないでしょうか。

私もたまたまテレビを観ていてかなり驚きました。ちなみに、その数年後、私も「アタック25」の予選（筆記試験）を受けることになったのですが、予選は通過したものの、実際の出演にお声がかかることはありませんでした。その「アタック25」の予選ですが、クイズマニアのような方がたくさん参加していて、筆記試験の直前まで何かの本を読んで勉強している人がたくさんいるような状況で圧倒されました。最終的に、10人に1人くらいが筆記試験に通るくらいの倍率だったのですが、直前まで勉強しているような必死な方々ほど筆記試験で落ちているのが不思議でした。

裁判官と一緒に旅行会へ

現在でも、「裁判官は飲み会には参加しない」とか「裁判官は車を運転してはいけない」などイメージ先行の都市伝説があるようですが、そんなことはありません。

ただ私も、裁判所へ採用された年に「毎年恒例の旅行会」が企画され、裁判官も参加すると聞いたときは、「えっ、裁判官も旅行会に参加するの？」と驚いたような記憶があります。

むしろ、裁判官は他の業種や業界の方々と接したり、交流したりする機会が少ないからこそ、安心できる裁判所内部でのイベントごとに集中して楽しんでいるような側面もあったのではないでしょうか。

ただ、裁判官が旅行会に参加するからといって特に変わったことはありません。職員と同じように参加することになります。もし、違いがあるとすれば、この手のイベントで、裁判官が幹事を務めることはまずないということくらいでしょうか。

旅行会の内容もいたって普通な感じです。よくあったパターンは、金曜日の仕事終わりか、土曜日の朝から、貸切バスに乗って近めの温泉地等へ行き、美味しい蟹やイカを食べながら宴会をして、温泉に浸かり、夜遅くまでお酒を飲み、翌日観光をしながら帰途につく、という感じで、通常の会社の旅行等と何ら変わりはないのではないでしょうか。

これらの旅行会は、「民事部」などまとまった単位で行われますし、ほとんどの方が参加していたような記憶があります。旅行会については、楽しかった記憶しかありませんが、日頃仕事をしているメンバーと旅行に行くことで、ガス抜きになったり、お互いが仕事以外で親密になったりすることで仕事が上手くいくような側面も大きかったのではないでしょうか。

残念ながら、最近の若者の傾向等を見ていると、このような風習やイベントが復活するような流れにはならないのでしょうね。

御用納めと御用始め時の風習

裁判所（他の国家機関も）は、年末は12月28日まで、年始は1月4日からとなり、その間の期間は年末年始のお休みとなります。土日の関係でずれることはありますが、年末の最終日を「御用納め」、年始の初日を「御用始め」と呼んでいます。

「御用納め」の日には、夕方頃に、「今年はお世話になりました」といった感じで挨拶回りをするような風習もあります。そして、以前は、業務終了後に庁舎内で「御用納め」の飲み会をしている庁も多かったようです。

どこの部署でも飲み会をしているので、普段触れ合うことのない他の部署の方々や裁判官とも一緒に飲むことができ、かなり貴重な体験をすることができました。私は、年内の仕事が終わる嬉しさも相まって、結構好きな一日でしたね。

一方、「御用始め」の日には、「あけましておめでとうございます」のあいさつ回りから始まるような風習があります。大きい庁になると、裁判官や職員を集めて、高裁長官や地裁所長が新年のあいさつをするような場面もあります。長期間の休み明けのため、フル回転で仕事をするようなこともなく、比較的ゆったりとしたスタートの一日になることが多かったです。

地域によっては、「御用納め」と「御用始め」の昼食は、寿司やうなぎや弁当など豪華な食事を頼んで、裁判官を含めみんなで一緒に食べるという風習がある裁判所も多かったです。私が一度この昼食の当番になり、「御用納め」の昼食をうなぎにして、「御用始め」の昼食を寿司にしたところ、ある方から、「年始は新鮮な魚がまだ入ってきていなくて昨年のものを使っているはずだから、寿司は「御用納め」の方で頼むべきだ」というアドバイスがあり、「なるほど。そこまで考えないといけないのか」と妙に感心した記憶もあります。

この年末年始の休みは、短ければ6日ですが、長いと10日近いときもあり、長いときは本当に嬉しくなるものです。ただ、休みが長ければ、年末年始なのに当直（前著でも触れた、大半の職員が恐れている通常以外の業務）に入らないといけないメンバーも増えてしまいます。

その当直のメンバーに当たってしまうと、年末年始で他の人がゆっくりしている間に、自分は仕事をしなければいけないという悲惨な状態に陥ってしまいます。運に左右されてしまう、かなり残念な出来事ですが、年末年始の当直だからといって、当直手当が増えるわけではありません。

かなり多かった飲み会

最近は傾向が変わってきているとはいえ、とにかく裁判所では飲み会が多かったです。大きな庁では、とにかく色々なくくりで飲み会が開催されていました。大きな単位の○○部での飲み会、第○部での飲み会、部内の係での飲み会、若手だけの飲み会・・・など、とにかくどれだけあるのだろうかと思うくらい、たくさんのくくりの飲み会に楽しみながら参加していた時期もありました。

これに加え、以前は弁護士（もちろん事件上利害関係のない方々）との飲み会、検察庁メンバーとの飲み会など、裁判所以外でのくくりの飲み会もありました。

それ以外に趣味のような飲み会もありました。鉄道オタクの職員が、電車に乗って遠方まで飲みに行くツアーを企画し、仲良いメンバーで昼間から飲みまくるという企画もありました。また、日本酒やワインにとにかく詳しい職員の家にお呼ばれして、家の中に酒屋並みにあるお酒をみんなで飲むという定期的なイベントもありました（お酒をただでご馳走になるだけでは申し訳ないので、食べ物は他のメンバーで持ち寄っていました）。

このイベントでお酒についてかなり学ばせて頂き勉強にもなったし、本当に楽しかったです。さらに、「グルメ会」と称して、高級な食べ物（ふぐやフランス料理など）をたまに食べに行くような集まりもありました。とにかく色んなメンバーと色んなくくりで飲みに行き色んな話をするのは、本当に楽しかったですね。

あと、都市伝説のようになっていますが、かなり昔、ある庁では、午後4時くらいになると、裁判長（部長）が一升瓶を持って裁判所内をうろつき、お酒を飲み始めていたという本当かどうかわからないような伝説を聞いたこともありました。昔は、16時頃からお酒の燗をつけるのが新人の仕事だったとも聞いたことがあります。

このような飲み会で、裁判官や裁判所職員はどのような話題で盛り上がっているのか気になる方もいらっしゃるかと思いますが、あまり覚えていないほど他愛のない話で盛り上がっていることが多かったような気がします。

ただ、大きな事件を終えての打上げなどでは、その事件のついての会話が多くなることが予想されていたので、他の人に話を聞かれないような個室のある居酒屋を予約するなど、それなりに気を遣っていたような面もありました。

また、飲み会ではありませんが、ラーメン店の「天下一品」の「天一の日（10月1日）」に「天下一品」好きのみんなで「天下一品」のラーメンを食べに行く、など誰かのアイディアで色んなイベントが突発的に開催されていました。

サークル活動もあります

裁判所にもよるのですが、テニスなどのスポーツを中心にサークル活動が盛んなところもありました。一番多かったのはテニスでしょうか。以前は、敷地内にテニスコートがあった裁判所も珍しくなかったようで、昼休みにテニスの練習をする方も多かったようです。

私はしませんでしたが、社会人になってからテニスを始めたという人も多かったようですし、サークル活動内で仲良くなって結婚したという例も結構あったようです。

その他には、私が勤務した庁にはなかったのですが、バレーボールやバスケットボールなど他のスポーツのサークルもあったようです。サークルと呼べるかどうかわかりませんが、よくゴルフに行っている人もいました。

ただ、裁判所では、一般企業などのゴルフ人口と比べると圧倒的に少ない印象はありました。そのため、ゴルフをしたいと思っていた私は結局ゴルフをする機会はないままこの年になってしまいました。

スポーツ以外では、弁護士さんなども含めて本格的な演奏会を企画している裁判官もいらっしゃったし、バンドを組んでいるような裁判官もいらっしゃいました。裁判員裁判のスタート時に広報も兼ねて曲を作り、広報の一環を担うという面白い試みもあったのですが、今はそんな自由な風潮もなくなってきたような気がします。

　これらのサークル活動は、プライベートとして、気晴らしで行われている側面が強かったと思いますが、「テニス人事」という言葉があったように、サークル内での人間関係から人事で上に登用するような例も少なくなかったように思えます。

プロ野球ファンが多い裁判所

「裁判官は公正中立な立場の人だからひいきのプロ野球チームはない」とお思いの方もいらっしゃるかもしれませんが、全くそんなことはありません（笑）。むしろ、熱狂的なプロ野球チームのファンの方が多い印象があります。また、裁判官に負けず劣らず裁判所職員もプロ野球好きが非常に多いです。

　裁判官は全国異動なこともあり、様々な場所の出身の方が多く、様々なプロ野球チームのファンの方が多かったように思います。また、最高裁に勤務した際には、各地方から職員が集まってきていることもあって、同じ大部屋内にプロ野球の全チームのファンがいたのではないでしょうか。

その一方で、福岡で勤務をしていると大多数が福岡ソフトバンクホークスファンのため、それ以外のチームのファンは、非常に肩身が狭い思いをすることになります。中には「隠れキリシタン」のように、どこのプロ野球チームのファンであるかを隠しているような人も結構いて、私のように福岡で埼玉西武ライオンズファンであることを公言している人は珍しかったのかもしれません。

ただ、そのおかげでホークスファンの裁判官や職員とよくライオンズ対ホークス戦を観戦に行ったりして、勝敗に関係なく、楽しい思い出をたくさん作ることができました。

ある裁判官は、自分の贔屓にしているプロ野球チームの前日の結果によって、かなり機嫌が左右されていました。また、別のある裁判官は、あまりに熱狂的なファン過ぎて、どれだけその応援しているチームが勝っていても、最後まで「いつ逆転されるかわからない」と試合中終始懐疑的な目で観戦するという独特の感じで、傍から見ていて面白かったです。

最高裁勤務時は、ある元プロ野球選手と仲の良い職員がいて、一緒に飲む機会をセッティングしてもらったりもしました。

また、東京では「野球知識検定」という資格の受験ができるため、私は６級スタートで

4級まで取得したのですが、その会合で、有名な元プロ野球選手と何度か飲んだりカラオケに行ったりしたこともあります。西武ライオンズの有名な元選手に、西武ライオンズの応援歌を歌って褒められた時は、天にも昇るほど嬉しかったのを覚えています（笑）。

また、最高裁勤務時、埼玉西武ライオンズの試合をホームチームとして数多く観戦することができたのは、本当に嬉しい限りでした（福岡ではビジターチームとしてしか応援することができませんでした）。東京で私の住んでいた官舎はむしろ千葉ロッテマリーンズの本拠地の方が近かったのですが、平日も休日もよく所沢の西武ドームまで観戦に行ったものです。

平日、東京メトロ有楽町線の永田町から帰路に着いていたのですが、反対方向の電車に乗れば、西武ドームに行けるため、何度かそのまま西武ドームに観戦に行ったことさえあります（笑）。

じつは、最高裁での勤務は望んでいなかったのですが、異動を承諾する最後の決め手になったのは、埼玉西武ライオンズを本拠地で応援できる機会が3年間得られるからだったからだと、今ここでカミングアウトしておきます（笑）。私は、西武ドームへ応援に行くことを「聖地巡礼」と呼んでいました（笑）。

給料・ボーナスにまつわるイベント

つらいことも多い裁判所での勤務を続けていけるのは、給料やボーナスが安定してもらえるからといっても過言ではないでしょう。民間企業の水準と比べると結構安い方だとは思いますが、給料日やボーナス日が定期的に来るからこそ、辞めずに裁判所にしがみついている方は非常に多いと思います。

　そんなわけですから、特にボーナス日にはみんな心なしかご機嫌になっているような感じもします。旅行の積立てや何らかの会費などは、ボーナス日や給料日を待ってから徴収するという気遣いもなされていました。

　ボーナスの日の昼ご飯は、うなぎや寿司など美味しいものを頼んでみんなで昼食会をするという風習がある部署もありましたし、ボーナス日の後に飲み会をするという部署もありました。この場合、裁判官（特に部長）がたくさん出してくださることが多いのですが、自分から飲み会をしようと言い出しておきながら、金払いがよくない方も一部おり、そういう方はやはり裏で「ひそひそ…」と陰口を叩かれていましたね（笑）。

また、以前は、他の人より多めに昇給となったごく一部の方が、自ら周囲の職員にスイーツなどを買ってきて振る舞うというよくわからない風習もありました。

最近は、昇給のシステム自体が変わってしまったため、完全にその風習もなくなってしまったようです。

日中唯一の楽しみのランチを満喫

あまり劇的な変化のない裁判所勤務の中で、唯一の楽しみがあるとすれば、ランチになると思います。

しかし、裁判所でのランチ事情はあまりいいとは言えないのが現実です。家から手作りの弁当を持参する人もいれば、通勤時にコンビニで弁当やパンなどを買ってくる人もいます。

また、弁当をまとめて注文して、配達してもらう例も多いです。

大きい庁の場合、以前は、注文しなくても弁当の業者が弁当を売って回っていたのですが、注文以外での業者の出入りが禁止されたため、注文をしなければ弁当を購入することができなくなってしまいました。毎日弁当を注文するのって意外と面倒くさいんですよね。

近所にオフィスが多いような大きい庁の場合は、裁判所のすぐ近くでいくつかの弁当の業者が販売をしていて、実際に弁当の中身を見ながら好きなものを購入できる楽しみもあったのですが、そんなに恵まれた庁もそう多くはありません。

コンビニや売店や食堂が裁判所の中にある庁は便利です。ただ、一般的には、裁判所の中にある食堂はあまり美味しくない場合が多いです。一度結構いいクオリティの食堂がある庁で勤務した際は、ランチが楽しみになり、仕事にもいい影響が出ていたと思います。

裁判所のランチ事情を悪くしている原因の一つは、基本的に、電子レンジが裁判所にないことです。温かい弁当を食べるのと冷たい弁当を食べるのは大分違いますよね。自腹で購入してでも電子レンジを使いたいと思い、一度可能かどうか尋ねてみましたが、裁判所の電気を使うことになるのでダメだと言われてしまいました。ランチは社会人にとってかなり重要なので、可能な限りの配慮はしてほしいものですね。

ちなみに、以前は昼休みが1時間あったのですが、現在は45分に短縮になってしまったため、外食へ行くのも時間的に厳しくなってしまいました。

ただ、私はそんな中でも可能な限り外食へ行き、ランチマップを作ってお店の評価も載せ、周囲にも配布したりして楽しんでいました。ただ、歩くのが早く、食べるのもかなり早い私だからこそ、45分以内に外食して職場に戻ってくることができていたのかもしれません。なお、このようなグルメの活動は、現在、InstagramやTwitterで行っており、約2年間でフォロワーが合計2万人を超えるほど反響を頂いています。

所長官舎にお呼ばれ

大規模庁ではなかなか見られない光景と思いますが、小規模庁では職員同士の距離も近いし、裁判官ひいては所長との距離も近くなります。ある庁では、裁判所の真横に所長官舎があったため、気さくな所長が飲み会を開くために所長官舎へご招待くださったことがありました。

確か、採用されて数年以内の職員限定で、ただ楽しむための飲み会だったと思います。所長の周りで仕事をしている偉い方がお呼ばれするのならわかりますが、このような形で若者をご自宅に招いてくださった所長は、今から思い返してもありがたかったですね。貴重な体験をさせて頂いたと思います。

また、ある裁判官は、温泉地に別荘をお持ちだったため、他の裁判官や職員をその別荘にお招きくださったことがあります。大人数いたわけではありませんが、みんなでバーベキューをした後、たっぷりお酒を飲みながら語り、同じ部屋に雑魚寝をするような状況でした。

あわせて温泉巡りをするなど、これも今となっては楽しい思い出です。

私が採用された頃には既に下火になっていたと思いますが、職員等を自宅に招いて泊りがけで飲み会をするということもありました。ある上司は、歴代の自分の気に入った職員を一堂に自宅へ呼び、勤務庁も世代も違う方々と一緒に飲むというようなこともありました。そこで会った方とは後に一緒に仕事をすることになったりするので面白いものですよね。

ちなみに、私も自宅にお招きして鍋パーティーをしたことが何度もありましたが、管理職になってからは、仕事の繁忙さもあるし、上司の自宅にまで飲みに行きたくないという風潮もあり、気を遣って開催したことがなかったように思います。

この点からも裁判所での楽しみがなくなってきているといえるのかもしれませんね。

合同県人会や「○○会」も…

裁判所は全国津々浦々に存在しているため、地域単位での活動のようなものが意外と盛んだったりします。

例えば、最高裁へは全国から職員が集まってきているため、例えば、福岡高裁管内の場合は、「九州会」という集まり（飲み会）があり、九州から主要なポストの職員が出張で東京へ来るような場合に、その都度「九州会」という形で集まり、会合を開いたりしています。

一緒に仕事をしたことがない方も知らない方もたくさんいますが、一応九州から選ばれて最高裁に来ている職員の集まりであるため、そこでの人脈が後々生きてくるようなこともあるようです。

また、福岡高裁管内の中では、各県別の県人会などで集まったりすることがあります。例えば、ある研修のため、九州全体から福岡に職員が集まってきているような場合に、「合同県人会」という形で、非常に大きな居酒屋で、「このテーブルは佐賀県人会」、「このテーブルは沖縄県人会」という風に分かれて座り、時間が経つにつれて、他の県人会とも交わって交流していくという、今思えばなかなかないタイプの飲み会で、結構楽しかった記憶があります。

ただ、この県人会は、福岡で行われることが多いのに、「福岡県人会」だけが存在していないという不思議な状態になっています。また、福岡以外の勤務地で勤務をしたことがある職員でなければ、声がかからないという状態になっています。当該県に勤務したことがあっても、そのときの幹事が誰を呼ぶかを主観的に決めているといった曖昧な面もあるため、全然声がかかったことがないような職員もいたようです。

コロナ禍を機にこういう貴重な会合もなくなっていくか、激減していく運命にあるのでしょうね。

第9章

裁判所に関わる皆さんへのメッセージ

裁判所事務官を目指す方へ

裁判所は、唯一の司法機関ということもあり、裁判所事務官や裁判所書記官は、裁判手続に深く関与することができ、非常にやり甲斐がある仕事であることは間違いありません。ただ、職業である以上、マイナスな面もあるはずですが、これまで、裁判所の内部については、実際に裁判所に入ってみないとわからない側面がありました（当然、裁判所が開催する説明会や裁判所のパンフレットではいい面にしか触れません）。

私の経験上、裁判所事務官試験を受験する前に、裁判所に関する一定以上の情報を得ることがかなり難しかったことから、前著と今回の著書によって、そのような受験生のみなさんに正確な情報をお届けし、マイナス面も把握した上で、自分の特性と照らし合わせながら裁判所事務官試験に挑戦してほしいと思った次第です。

受験される方の中には、司法試験に合格できなかったからという方もいて不安に思っているかもしれません。法科大学院に行ったものの司法試験に合格できなかったから、裁判所事務官になったという人はかなりたくさんいます。

法科大学院ができる前も、旧司法試験受験に失敗して裁判所事務官になったという人が、裁判所職員の中軸として活躍している例もたくさんあります。ただ、一般職員がどんなにえらくなっても、なりたての裁判官の地位を追い越すということはない、という点だけは理解しておいた方がいいと思います。

裁判所事務官試験の受験対策としては、過去問を中心に対策すべきなのは他の試験と同様ですが、中でも数的処理を徹底的にできるようになってください。1、2冊の数的処理の本を1か月くらいで終わらせて満点が取れるようにしておくことが合格への一番の近道だと思います。

法曹を目指す方へ

裁判官、検察官、弁護士の法曹を目指そうと思っている、大学生、法科大学院生、予備試験受験生、司法試験受験生、司法修習生等の皆さんにとって、どの職業を選んでも、かなりやりがいのある仕事であることは間違いありません。

人の人生に深く関わり、場合によっては多大な影響を与えることになり、非常に重要な役割を果たすことになるでしょう。

ただ、その反面、これらのどの職業も、人の人生の転機となるような大きな出来事に関与することになるため、ある意味では非常に重く、つらい出来事に一生付き合っていかなければいけないという点は理解しておくべきだと思います。

裁判官は、同じ人でありながら民事でも判事でも判決を言い渡さなければいけません。検察官は、日常業務で関わる人が、ほぼ犯罪者であることになります。弁護士は、相手方と戦うことが多いので、必ず敵を作ってしまうことになりますし、全面勝訴ができなければ味方であるはずの当事者からも恨みを買ってしまうリスクもあるかもしれません。

これらの大変な側面も理解した上で職に就かないと、後からあまり自分に合わなかったと思いなおすのはもったいないような気がします。

以前は、理系の成績優秀者は医者を目指し、文系の成績優秀者は法曹を目指すといった、ある種当たり前のような流れもありましたが、今はそんなに単純なものではなくなってきていると思います。何の仕事でもそうですが、資格の難易度等で判断するのではなく、自分がどのような職業に就きたいかという観点から将来について考えるとよいかと思います。
そのプロセスを経たうえで法曹を目指せば、合格のモチベーションにもなるでしょうし、実際に法曹になった後でもかなり強みになると思います。

弁護士・司法書士さんへ

裁判所で勤務していた際、弁護士さんや司法書士さんとは一方の当事者として距離を置きながらしか接することができない機会がほとんどでした。そのため、何か冷たい人が多いなという印象でした。

しかし、退職して自らが行政書士という士業として関わるようになってからは、非常にフレンドリーに接してくださる方が多く、やはり裁判所で見せる顔とは違うのだなと痛感しました（きっとお互い様でしょう）。

前著を「こんな情報が知りたかった」と、一番喜んで読んでくださったのは、弁護士さんや司法書士さんのようです。

その上で、今から振り返って思うのは、裁判所とやり取りする際に、どのような言い方をしたらよいのか、どのように対応したらよいのかをもっと意識すると、よりスムーズに裁判所とコミュニケーションがとれるのではないかと思えます。

逆に、裁判所の書記官などで、弁護士さんや司法書士さんにとんでもない物言いをしている人も見受けられます。裁判所は審査等をする側だからと我慢をするのではなく、ひどい場合は、遠慮なく文句を言ってもいいと思います。

おそらくそのような職員は、ひどい物言いをしている自覚がないと思うので、外部からのクレームが来ることでしか是正するチャンスがないのです。本人に直接言いづらいのであれば、対応者の上司や総務課などにクレームを言う方法もあると思います。

また、部署にもよりますが、窓口等で確かな知識等を持ち合わせないまま、上司にも相談せずに適当なことを言って対応している職員（特に年配の事務官に多いと思います）も案外いますので、気をつけるようにしてください。

検察庁で勤務するみなさんへ

私が刑事事件を担当していた際は、検察官も検察事務官の皆さんとも関わる機会が多かったですが、裁判所の比にならないくらい大変な職場だと思いながら傍目で見ていました。しかも、日常に接している人たちの大半が犯罪者というのはなかなかない環境だと思います。また、検察庁という組織自体が、かなりのタテ社会であると感じる部分が多く、裁判所のように職員の組合もないため（裁判所に組合があることがいいか悪いかは別として）、裁判所よりも過酷な環境で仕事を頑張られているなという印象です。

昔は、検察官や検察事務官の方々と遅くまで飲みに行くこともよくありましたが、検察庁の皆さんはとにかくパワフルで全力投球だったのが印象的でした。

警察官の過酷な労働状況や勤務体系もそうですが、検察官や検察事務官の仕事にはとにかく頭が下がる思い、としかいいようがないです。

飲み会の席等で、「裁判所事務官と検察事務官の試験の両方に受かったけど、検察事務官を選びました」と言っていた検察事務官が、その上司に「なんでそんな馬鹿なことをしたんだ」と言われているシーンを何度か見聞きしたことを思い出します（笑）。

公務員のみなさまへ

国家公務員、地方公務員という区別の他に、裁判所の比ではないほど多種多様な部署があり、公務員は本当に大変だなということを実感しています。

私も退職後の約2年前からＳＮＳを始めましたが、特にTwitterで流れてくる公務員の皆さんのつぶやきが本当によくわかります。

日曜日の夕方になると月曜日の勤務のことを考えてつらくなってくる（いわゆる「サザエさん病」ですね）、とにかく金曜日の夕方が待ち遠しいのに時間が経つのが遅過ぎる、そのくせ土日の時間が経つのが早過ぎる、異動が多過ぎて前任者の引継ぎが不十分すぎる、地方選挙に借り出されるのがつらい、上司に恵まれず辛い思いをしている、残業をしてもしても仕事が終わらないなど、挙げればキリがないほどの日常のつぶやきを見ていて、自分も同じ思いで仕事をしていたなと共感できる部分が多く、気持ちが痛いほどよくわかります。

とは言うものの、私のように決断をして次に行動を移すことはなかなか難しいと思います。一応公務員は安定もしているし、辞めるのはもったいないという思いもあり、公務員を仕方なく続ける方が大半だと思いますが、それでも、メンタルがやられてしまったら元も子もありません。

これまでメンタルになる方々を多く見てきましたが、一度メンタルになると完全に回復するのは難しいと思います。とにかくそうなる前に誰かに相談するなどしてＳＯＳを出すようにして頂ければと思います。

形式的にはともかく、公務員の世界は、メンタルになってしまった職員への対応はかなり冷ややかだと思います。自分の身は自分で守るという発想が大事でしょう。あとは、何と言っても、仕事以外の時間をいかに充実させるか、できる限り早く退庁してその時間をいかに多く確保するかが重要だと思います。

私はその発想があったからこそメンタルになることなく何とか乗り切れたのだと思います。

現職のみなさんへ

裁判所を離れてみて、裁判所では常識だと思っていた（思わされていた？）ことがいかに世間の常識ではないかということを痛感しています。

やはり、裁判所というのはかなり閉鎖的な空間であるため、学生時代の友人でも誰でもいいから外部の人間との交流を続けて、自らの感覚を世間から乖離しすぎずにバランスよく保つことも重要だと思います。

あと、裁判所を離れてみてわかりましたが、弁護士さんや司法書士さんなどの当事者は、かなりよく裁判官や書記官のことを見ています。私が業務をしている行政書士の仲間も、近時専門職後見人として裁判所に出入りしていますが、どの書記官にどのようなことを言われたということをとにかく事細かに覚えています。それを聞いて、私も繁忙なときは十分な対応ができていなかったこともあっただろうなと反省しています。

皆さんもぜひ外部の目を意識された方がいいと思います。本当にびっくりするほど、接した裁判官、書記官、事務官はこうだったと皆さん記憶が鮮明なようです（しかも名前まではっきり覚えている人が多いです）。

ちなみに、「私も裁判所を辞めたいのですが…」という問い合わせをかなり受けていますが、基本的にはおすすめしません。特に、私のように士業として独立する場合は、法律の知識等というよりも、営業能力（仕事を取ってくる能力）、人とのコミュニケーション能力がほぼメインと言ってもいいからです。

私よりも前に、私と同じように書記官を辞め行政書士になった人がいるそうですが、なんと約４か月で行政書士を辞めたそうです。おそらく、登録をすれば仕事の依頼の電話が来ると思っていたのでしょうか。広告等の営業の電話はたくさんかかってきても、何もせずに仕事の依頼の電話がかかってくることはまずありません。

もし、独立等する場合は、その辺りの戦略をしっかり練った上で行動に起こすことをおすすめします。ちなみに、私も自分なりに戦略をしっかり練っていたつもりですが、当初の予定が予定通りに上手くいくことはほとんどなく、その都度トライアンドエラーを繰り返しながら常に軌道修正等をして、成長してきていると思います。

コラム⑥

士業について

私が行政書士として活動するようになってから約2年が経ちます。行政書士はもちろんですが他の士業のみなさんと多く接する機会を得ることができています（むしろ行政書士と接する機会の方が少ないかもしれません）。士業としては、弁護士、司法書士、弁理士、税理士、社会保険労務士、行政書士、土地家屋調査士、公認会計士、中小企業診断士、不動産鑑定士、海事代理士などが挙げられます。士業に関心がある方は多いので、これらの士業のみなさんと関わっていく中で気付いた点をお話しできればと思います。

よく「資格ランキング」などが雑誌で特集されたりしていますが、どの資格を取得するかは、名称や資格取得の難易度ではなく、自分が何をしたいかで決めることが大切だと思います。以前は「○○の資格を取れば安心して稼げる」という時代もありましたが、現在はそんなことはありません。弁護士でも全然食べて行けずに廃業する人もいれば、行政書士でもかなり稼いでいる人もいるのが現状です。どの資格だから稼げるというよりは、何らかの資格を有しているその人の力量による部分が大きいと痛感しています。

　行政書士についていえば、弁護士のように最初どこかの事務所で修業をしてから独立という流れになりづらい点（ほぼいきなり一人で独立しなければいけない点）、他の士業と異なり試験科目と実務が乖離しすぎている点（試験で勉強した内容が実務の仕事に直結していない点）、取り扱う業務の内容が広すぎてどの業務を専門にすべきかの判断が難しい点、これらが問題点として挙げられるかと思いますが、最初の一定期間を乗り切って仕事を上手く軌道に乗せている人はたくさんいます。

　他の士業の皆さんと数多く交流する中で、行政書士だからといって下に見るような方はほとんどおらず、思った以上にフラットな関係でいられることには驚きました（こう言ってはなんですが、むしろ行政書士の内部で新人行政書士を明らかに下に見るような態度を取る行政書士の方が多く、閉鎖的で由々しき事態だと思っています）。

　他の士業の方々と連携を密に取ったワンストップの形での相談会を開催したり、他の士業の方々と勉強会をしたり、様々な士業グループに所属して活動していたりしていると非常に勉強になることが多いです。こちらも、行政書士としての知識だけではなく、裁判所時代に培った知識や経験を基にお話しすると、弁護士を始め他の士業の先生にかなり喜んで頂けます。また、実際の業務においても、日頃から接していて信頼できる先生方とお客様を紹介し合うなどして、上手く連携を図ることもできています。

　たまに、「士業同士で縄張り争いをしてバチバチ！」などという声も聞こえてきますが、本来は、それぞれの分野の線引きを意識しながらも共存共栄していくことが望ましい形であると実感します。

また、よくダブル資格を取った方がいいかと尋ねられることがありますが、それはその人次第だと思います。ただ注意して頂きたいのは、資格を多く持っているからといって成功するわけでも収入が増えるわけではない点です。どちらかと言うと、ある資格で自分が行っている業務を遂行するにあたって、「あっ、○○の資格も取っていた方が今の仕事がスムーズにいくな、広がるな」などと気付くものだと思っています。私も、実際に業務を始めて軌道に乗ってきてから、ある資格を取った方がもっと上手くいくのではないかと考えるようになったりしています。

士業として独立するメリットは、何よりも自分の判断で自由に行動できることだと思います。また、公務員時代と違い、全ての業務において「ありがとう」と感謝の言葉を直接頂けるのは本当に嬉しくやりがいがあります。無料相談会で相談者の相談に乗るだけでも、かなり感謝されます。士業にとってとにかく重要なことは、営業力（仕事を取ってくる能力）です。できればコミュニケーション能力もほしいところですが、コミュニケーション能力に乏しいから一人でやれる士業の道を選んだという人も少なくなく、コミュニケーション能力に乏しくても上手くやっていけている人はたくさんいます。さらに、あるに越したことはありませんが、最初のうちは、実務知識は二の次でしょう。極端なことを言えば、仕事を得てから勉強しても遅くはありません。

ちなみに、書記官の仕事と行政書士の仕事は違うものと認識していたのですが、「経験のない部署に異動になる↓文献を探し調べた上で解決を図る」という書記官がしている業務遂行のためのプロセスが非常に似ている点、法的思考力が必要な点、行政書士として相手をする公務員の思考がよく理解できる点など、双方の仕事に親和性があるなと痛感しているところです。おそらく、書記官としての豊富な経験があれば、経験したことがないどんな分野の行政書士業務でも、文献を頼りにこなすことができると思います。

行政書士の世界は、前職の経験がバリエーションに富んでいる人が多く、非常に面白いと思います。でも、それだけに変わった人も裁判所の比ではないくらいたくさんいます（笑）。新人に冷たい人、意地悪な人、無礼な人、すぐに手のひらを返す人、支離滅裂な発言をする人、本当に法律家なのかと疑いたくなる人などもたくさんいます。でも、これらの、普通の組織の中でなら上手くやっていけないだろうという人たちでも（よく自分のことを「社会不適合者」だと自ら言っている士業の方は多いです）、自分なりの居場所を見つけて楽しそうに仕事をしている人が多いとも感じています。もちろん、その半面、上手くいかずにすぐ廃業する人も少なくありません。

公務員時代との大きな違いは、どんなに嫌だと思った人でも、ただ付き合わなければいいだけか、最悪でもたまに顔を合わす程度ですむのが最高です。組織で勤務していると、どんなに合わない人でも毎日顔を合わせなければいけませんが、それをしなくてすむんですよ。今から思うと明らかに自分と合わない人たちと毎日関わらないといけないってすごいストレスですよね。よく耐えられたと感心します。

・特別付録「書記官事務における仕事の効率化」掲載について

裁判所に入った当初から、私は、「極力残業をしない」というスタンスで仕事に臨んでいました。仕事以外のプライベートを充実させるためです。

そこで、ある機会をきっかけに、私がまだヒラ書記官だった平成22年頃、「書記官事務における仕事の効率化」という文章を作成しました。その数年後から「超過勤務縮減」が急に叫ばれるようになり、上司等に依頼されてこの文書を周囲に配布したりしていました。ただ一部の職員に配っただけなのに、裁判所中で結構コピーが出回っていたようで、かなり遠方で勤務している職員が執務の参考にしていたと聞いたときには驚きました。

前著の出版後、「書記官事務における仕事の効率化」も載せてほしかったとの声を複数頂きましたので、今回、特別付録という形で、原文のまま掲載させて頂くことにしました。ちなみに、かなり久しぶりに私も読み返してみましたが、訂正したいと思う記述はありませんでした。

執筆時から十数年経過しているため、現在にはそぐわない記述もあるかもしれませんが、特に、現職の書記官や事務官のみなさんの参考になれば幸いです。

— 特別付録 —

書記官事務における仕事の効率化

目　次

1．はじめに
2．残業する理由
3．残業しないことによるメリット
4．仕事の効率化のための12のポイント（総論）
5．仕事の効率化の実例（各論）
□ 地裁民事立会
□ 簡裁民事
□ 地簡裁刑事
□ 破産・個人再生
□ 高裁刑事
6．おわりに

◆ 仕事の効率化のための12のポイント

1　はじめに

私は、採用後10年目、書記官任官後7年目となるが、これまでほとんど超過勤務（以下、「残業」という。）をしてこなかった。残業をした記憶があるのは、勾留請求が遅い時間になされたり、債権者集会が長引いたり等のやむを得ない事情があった場合くらいである。午後5時以降の勉強会等による不可避的な残業を除けば、実質的には、10年間で10時間も残業をしていないかもしれない。少なくともこの3年間は全く残業をしていない。

裁判所勤務10年間でほぼ毎年のように配置換え等により仕事内容が変わり、前任者の方々も決して残業が少なかったわけではないようであるが、概ね「ノー残業」を実行してきた。

これは、後述するような残業をしないことによるメリットを考慮してのことだが、途中からは、私を知っている人たちから残業をしない姿勢を継続してほしいといった期待が高まってきたことにより、自分のモチベーションも高まり、その効果もあって「ノー残業」を概ね達成できているような気さえもする。

ここ数年で、急速に「超過勤務縮減」や「ワークライフバランス」といった声が聞こえてくるが、私の経験等がそれらの実現の一助となれば幸いと思い、今回、「書記官事務における仕事の効率化」というテーマで執筆することにした。

なお、以下は、裁判部での経験のみをふまえての記述となっているが、その点はご容赦いただきたい。

2　残業する理由

人はなぜ残業するのだろうか。経験上思いつく理由を以下に列挙してみる。

① 優先順位づけ等の効率を考えていない。
② 残業代に魅力を感じる。
③ 早く家に帰るのは家族の手前気が引ける。
④ 職場全体が残業せずに帰る雰囲気ではなく、帰ることができない。
⑤ 管理職がいつまでも残業しているので帰りにくい。

⑥　自分のポリシーでその日の調書は必ずその日のうちに作成してしまわないと気がすまない。
⑦　残業することで頑張っていることをアピールしたい。
⑧　午後5時以降の方が電話もないし仕事に集中できる。
⑨　朝はエンジンのかかりが遅いためだらりと過ごしてしまい、午後からでないと仕事に集中できない。
⑩　わからないことを人に聞くに聞けず、時間が過ぎてしまう。
⑪　残業していれば飲み会の誘いがあるかもしれないので、それに期待して何となく残業している。

以上には、一見して問題外であるという理由もあるが、よくありがちで何となく理解できる理由もあるようにもみえる。

②については、私が学生時代にしていた数々のアルバイトの時給と比べれば、裁判所での残業代は非常に魅力的に感じ、「残業マシーン」になろうかとほんの一瞬考えたこともあるくらいであるから（笑）、気持ちはわかる。また、④、⑤については、自らのみが原因ではないので仕方ない面もあり、私も経験があるのでよくわかるが、思い切って元気な声で「お疲れさまでした。」と言って定時退庁を継続すれば、周りはその姿勢を理解してくれるようになるので、しばらくの辛抱が肝心である。「単に帰りづらい。」という理由だけで残業するのは、ワークライフバランスの観点からも、余りにも時間がもったいない。⑦については、現在もそのような評価がなされている場合もあるだろうが、今後は、特に「コスト意識」が重要視されるであろうし、その力を別の成果で発揮した方が本人のためにも周りのためにもなるであろう。⑧、⑨については個々人の仕事のリズムもあるので、理解できる部分もあるような気がする。

しかし、「残業すれば多大なコストが発生し、そのコストは国民の税金の中から賄われているので、極力抑えるべきであること」を考えれば、上記は残業の理由としてどれも望ましくないことは明らかである。

そもそも、超過勤務とは、「公務のため臨時又は緊急の必要がある場合において、各省各庁の長（管理職員）が部下職員に対して、正規の勤務時間を超えて勤務することを命じたときにおける当該勤務」をいうのであり（一般職の職員の勤務時間、休暇等に関する法律13条2項参照）、管理職員に命じられたときに初めて行われるべき性質であること、つまり、法律上は、自発的に超過勤務をすることはできない旨規定されていることを肝に命じておく必要がある。

とは言え、裁判所には様々な職種、職場環境があるのであるから、例えば、刑事事件で急ぐ身柄の処理がある、最高裁で国会対応のため待機する必要がある、急に会計検査院が入ることになったなど、残業しなければどうしようもない場合があることは重々承知しており、それらの場合を除いては、残業は極力差し控えるべきであろうという意味である。

3　残業しないことによるメリット

では、逆に、残業をしなければどのようなメリットが生じるのだろうか。残業しないことによるメリットは、個々人に応じて多種多様に存在するであろうが、以下代表的と思われるメリットの一部を列挙する。

① 「残業しない→疲れが溜まりにくい→翌日仕事に集中しやすい」と好循環のリズムになる（逆だと、「残業する→疲れが溜まりやすい→翌日仕事に集中しづらい→より残業してしまう」という悪循環のリズムになってしまう）。
② 残業しなければ周りの人たちも残業しないように意識し出し、周囲に良い影響を及ぼす。
③ 裁判所としてコストを大幅に削減できる。
④ 仕事以外の時間が増え、ワークライフバランスが上手く図れる（家庭、趣味等に時間を注ぐことができる）。

③、④は近時の社会の要請にも叶うものであり、今さら改めて言うまでもないが、最も大きなメリットであると言える。

①に関連して、私の場合は、仕事が非常に忙しく、息つく暇もなく集中して仕事を処理した日は、疲れすぎてとても午後5時以降に仕事をすることはできないのだが（できたとしても効率はかなり悪い）、単に私に気力、体力がないのであろうか。一概には言えないが、裏返せば、残業できるということは、疲れるくらい仕事に集中できていないという側面もあるのではないだ

ろうか。

②については、ある庁に勤務していた際、私が定時退庁を継続していたら、周囲の一部も競うように定時退庁を心掛けるようになり、残業がかなり減ったことがある。しかし、私が異動した後は、また元のように残業が増えたと聞いており、一介の経験の浅い書記官でも、周囲への意識に多少なりとも影響を与えることができることがわかった（当然事件数の増減等もあるので、一概にそれだけが原因でないことは勿論である）。

4　仕事の効率化のための12のポイント（総論）

私は、書記官任官2年目に、当時の民事次席書記官から、任官直後の新任書記官への導入研修用の参考資料として、仕事の効率化のポイントをまとめるように依頼を受け、「仕事の効率化のための12のポイント」と題するレジュメを作成したことがある。今回、本執筆にあたって同レジュメを見返してみたが、現在の自分の考えとほとんど変わることない姿勢で貫かれているため、若干の修正・補足を加えた上で、ここに12のポイントとして記載したい（なお、12という数字には特に意味はない。）。

「12個も！」とお思いかもしれないが、あくまでも一例に過ぎないし、頭の中でわかっていても、実際に全てを実践することは難しいかもしれない。

しかし、以下で例示する12のポイントのように、①「仕事を効率化させよう！」という意識（コスト意識）を持ち、②自分なりの工夫を凝らし、③その工夫を少しでも活かす努力をする、という姿勢こそが大切であり、少しの意識や工夫の積み重ねで大きな違いが出ると思われる。正に「ちりも積もれば山となる。」である。例えば、以下には列挙していないが、パソコンのブラインドタッチのスピードを早める、ショートカットキーをたくさん覚えるなどの努力をしただけでも、一生分でかなりの時間を節約することができよう。

逆に言えば、個々人による一定の工夫を加え続けなければ、恒常的に定時退庁することは厳しいであろう。

(1) 基本事項

POINT 1　仕事の種類、納期を知る。

自分の仕事にどんな仕事があるのか、その納期はいつであるかを知ることが重要である（新しい仕事の場合は特に重要である）。
その中でも、特に早く終えなければならない仕事が何であるかを認識することが重要であるが、意外にも、急ぐ仕事はそれほど多くなく、急ぐ度合いもそれほどではないことが多い。

例）●民事立会・・・新件の送達（民訴規則60条2項）、判決の送達（民訴規則159条1項）、強制執行停止など
●刑事立会・・・身柄関係の処理（保釈など）、令状処理など

POINT 2　優先順位を付け、その順に実践する。

日別、週別、月別など様々な視点から、仕事に優先順位をつける。

特に、日ごとの優先順位づけは重要で、仕事に慣れるまでは必ず紙に書くなどして実行する（5分もかからないのでこの程度の時間を惜しまない）。具体的には、前日の終わりに、翌日実行することや優先順位を記載して、当日の朝、今日やるべきことを再確認して、一日の流れをイメージトレーニングする（数分ですむ）。

優先順位付けの方法は何でも構わず、TO DOボードのようなものを作成して、それにやるべきことをやるべき順番に付せんを付けていくような方法も考えられる。

しばらくすれば、紙に記載したりしなくても、頭の中で自然と整理できるようになる。

(2) メリハリづけ

POINT 3　頭の働く時間、頭の働かない時間に合った仕事をする。

頭の働く時間帯（通常は朝一番であろう）は、判決チェックや作成した調書の見直しなど頭を使う仕事や重要な仕事に充てると効率的である。

一方、記録のナンバリング、封筒の宛名書きなどの単調作業など、頭の働かない時間（眠気が襲ってくる時間など）にふさわしい仕事も意外と多く、両者の仕事を自分の頭の働き具合で使い分けることも重要である。

POINT 4　仕事に決まった納期を定め、リズムをつける。

週単位で決まった納期があれば、計画的かつリズミカルに仕事をすることができるので、その納期を決めルール作りをする。

例）●立会・・・月・水・金が開廷日の場合、調書はできる限りその当日の細切れの間に作成し、週末の金曜日に見直し、翌週の月曜日の朝に再度見直し、月曜日の朝にまとめて裁判官の決裁を受ける、など

POINT 5　可能であれば、適度に息を抜く。

集中力を何時間も持続させることは難しいので、職務専念義務（国家公務員法101条）に反しない限りで適度な息抜きをすることは、より集中力を高めるために効果的である。

POINT6　休暇を思い切ってとる。

休暇をとれば、通常はリフレッシュすることができ、日常の仕事をより効率的に行うことができるので、積極的に休暇を取得すべきである。特に、休暇取得予定表等がただ記載するだけの名目的なものになっているケースが多いので、できる限り、予定通り休暇をとるようにすべきである。「この日は休みの予定になっているけど、休んだら？」などと、気付いた範囲でいいので、管理職を中心に職場全体で休みやすい環境を作ることも重要であろう。

また、中期的な期間で仕事の目標を立て、実際に遂行できたら休みをとるなど、休暇を自分へのご褒美として利用する方法もある（もちろん、周りの人々に迷惑がかからない限りで）。

(3) 禁止事項

POINT 7　好きな仕事、慣れた仕事を優先しない。

好きな仕事や慣れた仕事を優先し、しかも無駄に時間をかけている姿を目にすることが多いような印象を受けることがあるが、仕事上の優先順位に従って仕事をすべきである。

例えば、証人尋問調書を作成する際、確認のために、録音媒体等を延々と聴いている人もいるが、受動的で楽な仕事だから優先しているよ

うな感じを受ける場合もある。

送達等の急ぐべき日常の仕事を後回しにして、評価を受けるためにか、マニュアルのようなものを作成し続けるような人を見たこともあるが、問題外であろう。

POINT 8　**「残業しない＝仕事を頑張っていないと思われる」と思わない。**

「残業する＝仕事を頑張っていると思われる」という側面があることは否定できないが、その裏返しである「残業しない＝仕事を頑張っていないと思われる」という意識で、何となく残業している人が意外に多いように思われる。

見る人が見れば、仕事を頑張っているかどうかは残業の有無に関わらず見抜くことができるのであるから、そのような理由で残業するのは避けるべきである。

(4) その他

POINT 9　**スピードと正確性のバランスを意識する。**

仕事の「スピード」ばかりを重視すれば、「正確性」が疎かになってしまうが、重要なのはあくまでも「正確性」の方なので、両者のバランスを上手くとり、過誤防止を心掛ける。

調書作成を例にとると、期日よりも前に、形式的な記載をした調書をいったん作成し、期日後に確定したものを作成し、日時を改めて再度複数回見直す等の習慣をつけることが重要である。

特に、見直すという作業自体はそれほど時間を要するものではないので時間を惜しまないという点、日時を改めて別の頭で再度見直すという点が重要である。

POINT 10　**細切れの時間を有効に使う。**

例えば、民事立会で、弁論準備手続期日と弁論準備手続期日の間の時間などが中途半端に数分空く場合があるが、数分であっても可能な仕事を見つけて行う。

このようにすれば、記憶の新しいうちに調書を作成したりすることができ、効率的に仕事ができるというメリットもある。

例）●立会・・・調書作成、次回期日のパソコン入力、事件票の作成など

POINT 11　比較的余裕のある時に、忙しくなった場合の保険をかけておく。

急に仕事が忙しくなることは間々あるが、その際に、少しでもその忙しさを和らげられることができるように、時間に余裕があるときは、あらかじめ調書の形式的な部分等を作成しておく等の工夫をしておく。これには、見直しの回数が増えるというメリットもある。

例）●民事立会・・・成立予定の和解条項が提出された場合の和解調書をあらかじめ作っておくなど

POINT 12　他の人の仕事ぶりを見て学ぶ。

移動中やコピーをしている間などに、周囲の人たちの仕事ぶりを見ていると、参考又は反面教師として学ぶことが多い。

特に、朝一番にどのような仕事をどれくらいの時間から始めているかを見ると、その人の一日の仕事ぶりや仕事に対する姿勢が見えてくる。

5　仕事の効率化の実例（各論）

以下では、書記官任官後、実際に私が経験した仕事内容を簡単に紹介しつつ、実際にどのような工夫を加えてきたかについて記載する。

現在の業務内容とはそぐわない場合もあり、あくまでも一例に過ぎないが、実際の個別具体的な仕事においてどのように効率化を意識したかについて記載した。

なお、前述した「仕事の効率化のための12のポイント」の中で特にどのポイントを意識したのかについても極力触れてみたので、参考にして頂きたい。

(1) 地裁民事立会（大規模支部、2年間）

1年目と2年目とで、担当裁判官のスタイルが異なっていたため、同じ部署ではあったが、仕事の内容も大きく異なり、仕事の効率化のためには違った工夫を加える必要があった。

ア　新任書記官として

新任書記官であったので、まず、「POINT1　仕事の種類、納期を知る。」のように、どのような仕事の種類があるかの把握に努めた。初めのうちは、「POINT2　優先順位を付け、その順に実践する。」のように、実際に紙にやるべき仕事を書き出して、今日中に終える仕事を明示し優先順位を付けた上で、仕事に臨んでいた。

常に仕事を抱えている状態で、時間的に余裕はなかったが、仕事を進めていくうちに、それほど急いで処理すべき仕事は案外少ないことに気付き、徐々に慌てずに仕事をすることができるようになっていった。

また、新任書記官時代は、目が行き届かずに、どうしてもミスが多くなりがちであるが、翌日にもう一度違った頭で見直すなどの工夫を少しずつ加えることができるようになっていった（振り返って痛感するが、新任書記官時代には、それに加え、主任書記官等による丁寧なOJTなどの指導が必要であろう）。

イ　1年目

1年目は、どちらかと言えば判決に至ることが多かったので、証拠調べ調書の作成と判決チェックがかなりのウエイトを占めていた。また、支部ということで録音反訳の使用にかなりの制限があり、手書き（速記や録音反訳を使用しないもの）の証拠調べが30時間に及ぶ月もあった。

周囲には、録音媒体を全て聴き直した上で証拠調べ調書を作成している人も少なくなかったが、仕事の効率化という観点から、私は、原則として、録音媒体を全て聴き直すことはしなかった。

手書き調書については、要領調書で作成するものがほとんどだったので、証拠調べ中の手控えをしっかり取るように心掛け、法廷後に、その手控えを参考にまとめながらパソコン入力していく方法により作成した（なお、後に、4年目から、手書き調書は全て法廷でパソコンにダイレクト入力するようにし、かなり時間短縮を図ることができたので、この当時から実行しておけばよかったと後悔している）。手控えを取りながら、聞き取れなかった箇所を明示することにより、その部分のみ録音媒体により聞き直した。

なお、この方法だと手控えの取り方がかなり重要な要素を占めることになり、その方法でちゃんと録取できているか心配になる方もおられるであろうが、最初のうちは、実際に録音媒体を聴いてみて、自分の手控え作成能力で足りるかどうかの検証を行った（この方法で、当事者から調書異議やクレームを出されたことは一度もない）。

録音反訳調書についても、以下の「録音反訳調書の作成方法について（私見）」の考え方に従って、改めて全ての録音媒体を聴くことは、原則としてしなかった。

録音媒体を通しで聴くという作業は、受動的であるからか、この作業ばかり行っている人が見受けられるが、私の経験上、その人らは残業が多いという共通点がある。「POINT 7　好きな仕事、慣れた仕事を優先しない。」という観点で仕事をすべきであろう。

※「録音反訳調書の作成方法について」

〈結論〉①録音反訳を利用して調書を作成する場合には、原則として、録音媒体を全て聞き直す必要はない。

②立会メモは必要最小限の記載でよい。

③調書完成通知は受領日ないしその翌日までには出す。

〈背景〉過去に仕事をした庁で、「法廷立会後に、数時間かけて丁寧な立会メモを作り、反訳受領後は、5日以内に調書を完成させてから調書完成通知を送らなければならないと誤解したまま、調書作成業務のみを優先して、一日中録音テープを聴き（人によっては数回）、裁判官の認印を受けた後で調書完成通知を送る。」といった非効率的な仕事をしている人たちが意外と多かったという背景がある。

〈理由〉①録音反訳の録音媒体は、原則として録音媒体を再生する方法により点検するが、立会メモや手控え等との照合でも十分に正確性を担保することができるものについては、適宜の方法によって差し支えないとされており（逐語録作成実施要領（H14.4.1）別紙第9の第3の2）、必ずしも録音媒体を聴かなければならないわけではない。

②立会メモは、立会中に作成できる程度のものでよいので（同要領別紙第8の1）、反訳者の利用に資するための必要最小限の記載でよい。

③反訳初稿又は修正稿の修正を要しない場合に調書完成通知をすると規定されているので（同要領11（1））、調書の作成が終わらなければ完成通知が出せないわけではない。

ウ　2年目

2年目は、判決に至ることがかなり少なく、ほとんどが和解成立により終局していたため、同じ民事立会でも、1年目の仕事内容とは一変した。

弁論準備手続期日が多く、全件立会していたので、その細切れの時間をどのように使うかが、仕事の効率化を図る上で重要であった。具体的には、「POINT 10　細切れの時間を有効に使う。」のように、調書作成、次回期日のパソコン入力、事件票の作成など、数分間でもできる仕事をこまめにこなすことで、効率化を図った。

また、1年目もそうであったが、民事立会は、開廷日の関係から、1週間のサイクルで考えると特に仕事にリズムが付けやすいので、「POINT 4　仕事に決まった納期を定め、リズムをつける」のように、1週間単位でスケジューリングをする工夫をした。

さらに、2年目ということで仕事にも余裕ができたので、その時間を利用して、1年目以上に記録をしっかり読むことができた。このことにより、事案をより正確に把握することができ、当事者にどのような書面を催促すべきであるか等を含め、円滑な進行管理に資することができたと思う。

それに加え、担当裁判官の要請により、交通事故による損害賠償請求事件の和解金額をエクセルで算出したりして、進行管理（当事者による書面の提出管理を徹底し、FAXや電話による書面の督促をしていた。）のみならず実体面でも寄与することができた。

仕事を効率化することにより、その余力を他の面に有効に使えることを実感でき、書記官としての新たなやり甲斐を強く感じた1年でもあった。

(2) 簡裁民事（小規模支部、1年間）

支払督促を除く簡裁民事事件（受付相談、調停を含む）を全て一人で担当した1年だったが、これまでで最も多忙な1年であった。

具体的には、過払金請求事件が全国に先駆けて激増し、しかも本人訴訟の割合が極めて高く、簡裁民事通常事件数が前年比でちょうど2倍となった(512件)。また、期日進行管理プログラム等が導入されておらず、封筒の宛名書きは全て手書きで、期日呼出状もその都度一太郎で作成する必要があった上に、事務官等の手伝いはほとんど期待できない状態であった。

訴状審査、事件簿での立件、記録編成から全て一人でやらなければならないし、和解調書、和解に代わる決定等の債務名義や期日呼出状等をひたすら作成し、それを手書きの封筒で送り続けるという単調作業の繰り返しだったが、午後5時まで息をつく暇がほとんどない日も多く、精神的にもつらかった。

とにかく単調な仕事が多かったので、以下に列挙するように、ほんの少しの工夫をたくさん加えることで事務を徐々に省力化するように努めた。また、訴状が何件分届くか等によって仕事の忙しさに波があったので、「POINT 11　比較的余裕のある時に、忙しくなった時の保険をかけておく。」を特に意識して実行した。

また、リフレッシュのためや仕事後のご褒美の意味も込めて、「POINT 6　休暇を思い切ってとる。」を積極的に実行した。

〈ほんの少しの工夫例〉

●過払金の本人訴訟が多いので、購入すべき郵券や印紙を迅速に教示できるように、当事者に手渡す小さいメモ用紙を作成した。
●余裕がある時に、事件番号等を付した記録表紙、郵券管理袋、特別送達用の封筒などを事前に大量に作成しておいた。
●被告となる頻度の高い当事者については、宛名ラベルシールを事前に作成した。
●新件の期日指定は、事件、当事者により指定する期日に差をつけ、柔軟に対応できるように変更した。
●過払金事件において判決以外で終局した当事者については、できる限り、債務名義送達時に郵券も同時に返還することで事務負担を軽減した。
●記録キャビネット内に、事件簿未記入、事件票未入力のコーナーを作成するなど、余裕のある際に、まとめて効率的な作業ができるように記録キャビネットを整理することにより工夫した。
●シマに一つしかないゴム印について、頻繁に使用するものはもう一つ作成し、その都度離席する必要がなくなるようにした。

(3) 地簡裁刑事（小規模支部、1年間）

地裁及び簡裁全ての刑事関係事件（略式、令状、勾留等含む。）を扱った。地裁刑事の事件数は前年比1.5倍で約90件だったが、それほどの負担感はなかった。

ただ、この年は、令状請求、勾留請求又は保釈請求など、突発的で急ぐ上に、被告人の身柄関係なのでミスが許されないという相反した側面を併せ持つ仕事を一人で受け持っており、仕事にメリハリをつけることが要求された。

そこで、「POINT 9　スピードと正確性のバランスを意識する。」点に特に留意し、令状請求、勾留請求又は保釈請求などの仕事では、最優先で急いで処理する一方で、主任書記官とのダブルチェックを図るなど、過誤防止に留意した。

刑事事件は、否認事件等の難しい事件がほとんどなく、前述のような一部の急ぐ仕事を除いては、比較的余裕があったので、後任者のために、早い段階から「刑事事務処理マニュアル」等を作成し、庶務課長や主任書記官による十分なチェックも受けることができた。

引継書やマニュアルは、異動を目前にして作成されることが多いが、それだと実際の仕事に沿っているかの検証をする余裕がないので、仕事を一通り覚えた時点で（もしくは、早ければ仕事を覚える段階から）作成しておくのが望ましいという点に気付くことができた。

(4) 破産・個人再生（小規模支部、1年間）

破産（同廃、管財事件問わず）・個人再生事件を担当したが、事件数は減少傾向にあり、最も余裕のある1年だった。特に仕事に工夫を加えなくても定時退庁できるくらいであったので、仕事の効率化という観点からは特筆すべき点はほとんどないかもしれない。

したがって、この1年は何か特別な工夫を加えたわけではないが、余裕があったので、前年同様に事務処理マニュアルを作成したり、自ら申し出て、事務分配を増やしてもらい、保全事件の一部も担当したりした。

また、小規模支部では、1つの執務室で全ての係が仕事をしており、家事や庶務など自分の経験したことのない仕事も垣間見る機会が多かったので、回覧の閲覧等を含め、未知の分野の見聞を広めるために、できる限り積極的に関わった。

(5) 高裁刑事（高裁、2年間）

高裁刑事では、控訴記録の調査（新件調査）が中心で、特に机に座って記録の閲読等をする時間が多い。事後審のため立会時間も少なく、多忙であるとか急ぐ仕事が多いというわけではないが、高裁主催の研修講師やマニュアルの作成ないしチェック等の仕事もあり、時間の使い方が重要になってくる。

つまり、頭を使う仕事が多いため、「POINT 3　頭の働く時間、頭の働かない時間に合った仕事をする。」のように、まず、自分の頭の働きやすい時間がいつかを見極めた上で、その時間帯に、頭を使う仕事を実行するように意識した。具体的には、私の場合は頭がよく働く時間帯は朝一番なので、その時間帯には、判決チェック、各種起案、再度のチェックなど、特に集中力を要する仕事に力を注ぐようにした。

また、高裁では、判決書、抗告の決定書、勾留更新決定などあらゆる仕事において、主任書記官や相方書記官とのダブルチェックを徹底しており、過誤防止のためのダブルチェックの重要性をより認識することもできた。

6　おわりに

楽しみにしている飲み会、又は、お偉いさんが参加するような重要な飲み会があるとして、その飲み会に遅れる人がいるだろうか。ほとんどいないと思われる。それは、その日は必ず定時退庁すると決めて、仕事の段取りを自分なりにつけることができているからであろう。そのような姿勢を、中長期的に意識すれば、原則として残業しないという姿勢をある程度貫くことができるのではないだろうか。

なお、念のために断っておくが、本稿では、もちろん、仕事をほったらかしにしたり、他の人に押しつけたりするなどして、ただ単に定時退庁することを推奨しているわけではなく、あくまでも、日常の仕事を効率化するという努力を加えた上で定時退庁することを目標にしている。

また、本稿は、「書記官事務における」と銘打ってはいるが、裁判所事務官はもちろん、その他の仕事においても応用することができるものと思われる。

以上、「書記官事務における仕事の効率化」というテーマで記載してきたが、私は事務局や管理職の経験がないので、それらの事情をふまえることはできず、また、まだ裁判所という組織として見えていない部分が多々あると思うので、「まだまだ青いな」と一笑に付されてしまうかもしれない。

しかし、『①「仕事を効率化させよう！」という意識を持ち、②自分なりの工夫を凝らし、③その工夫を少しでも活かす努力をすること』の重要性だけでも伝われば、本稿の最低限の目的は達成されると考えており、各人の仕事の効率化やワークライフバランスの充実への何らかの一助となれば幸いである。

私の尊敬する野村克也氏（元プロ野球監督）の著書中の名言の一つに、「考え方が変われば行動が変わる。行動が変われば習慣が変わる。習慣が変われば人格が変わる。人格が変われば運命が変わる。運命が変われば人生が変わる」という言葉がある。後半はやや大げさにも聞こえるが、要は、まず、自らの考え方を改めなければ何も変わらないということであろう。

仕事を効率化させることで、一人でも多くの書記官が、時間に余裕を持ち、できるだけ自分のやりたい仕事に力を注いだり、余暇を楽しんだりすることができるようになることを強く望む。

みなさんも「書記官事務における仕事の効率化」について考え、仕事に対する自らの考え方を変えてみませんか？

仕事の効率化のための12のポイント

POINT 1　仕事の種類、納期を知る。
POINT 2　優先順位を付け、その順に実践する。
POINT 3　頭の働く時間、 頭の働かない時間に合った仕事をする。
POINT 4　仕事に決まった納期を定め、リズムをつける。
POINT 5　可能であれば、適度に息を抜く。
POINT 6　休暇を思い切ってとる。
POINT 7　好きな仕事、慣れた仕事を優先しない。
POINT 8　「残業しない＝仕事を頑張っていないと思われる」 と思わない。
POINT 9　スピードと正確性のバランスを意識する。
POINT 10　細切れの時間を有効に使う。
POINT 11　比較的余裕のある時に、 忙しくなった場合の保険をかけておく。
POINT 12　他の人の仕事ぶりを見て学ぶ。

① 「仕事を効率化させよう！」という意識を持ち、

↓

② 自分なりの工夫を凝らし、

↓

③ その工夫を少しでも活かす努力をする。

あとがきにかえて　出版後の反響

昨年、ごま書房新社さんから「じつは裁判所ってこんな所なんです！」を出版させて頂いて、数多くの反響を頂きました。

本を手に取ってくださったみなさまからお手紙などもたくさん頂きました。弁護士、司法書士、行政書士、元公務員、現職の裁判所職員の方など、多種多様なみなさま方からの反響に驚きました。中でも、司法試験等の指導をしている伊藤塾の伊藤真塾長や大学時代の恩師である玉村和彦元教授から、お褒めの手紙を頂いたのは非常に嬉しかったですね。これだけでも、出版してよかったと思えました。ＳＮＳでも、多くの方に感想を頂き、ある大学教授の方は「これまで書記官がこのような本を出したことはない。歴史的意義がある」とまで書いてくださったようです。

出版に際しては、可能な限り、福岡を中心とした九州内の書店にごあいさつに伺ったのですが、六本松の蔦屋書店様は裁判所のお膝元の書店ということもあり、かなりたくさん本を置いてくださいました。そこで目にして購入したという法曹の方も非常に多かったです。その他、いくつもの書店で、ＳＮＳで紹介してくださったり、目立つ場所に特別なコーナーを作ってくださったりしたようで、本当に嬉しく思いました。母校の大学の書店や、知人を介した京都の大垣書店様も、コーナーを作るなどご配慮してくださったようです。しばらく連絡を取っていなかった高校の同級生が書店の店長をしていて私の本に気付いたらしく、「レジ横に特設コーナーを作っておいたよ」と連絡をくれたりもしました（小さい書店なのにすぐ完売したようです。本の販売においては配置やＰＯＰが非常に重要だなと今回痛感しました）。

ある意味でブラックボックスの中にある裁判所について様々な角度からありのままに書かれているからか、弁護士さんが非常に喜んで読んでくださっているようです。親しい裁判所職員やそんなに交流がなかった裁判所職員からも、「よくぞ書いてくれた！」という声をたくさん頂きましたし、「こういうことも書いてほしかった！」という声もありましたので今作の中で書かせて頂いたものもあります。伝え聞いた話では、裁判所で勤務する職員の机の上に私の本を立てかけている方もちらほらいるようです（若手職員に多いようですが、お守り替わりなのでしょうか。でも、それはさすがに危険ですね（笑））。

「中村さんは本当に裁判所のことを考えていたんですね。本を読んでよくわかりました」

というありがたい言葉も頂きました。退職直前に頂いた「裁判所が中村さんよりも2周遅れていたと思う」とか「あなたが辞めることは組織的に大損失だ」とか「中村さんは未来から来たんですよ」といったありがたい言葉に匹敵するくらい嬉しく思いました。

　前著の出版で、「表現の自由」の重要性について本当に実感することができましたが、ある内容について表現ないし主張するということは、賛同してくれる人もたくさんいる一方で必ずその考えに反対するような人も一定数いるということも現実に知ることができ、大変勉強にもなりました。本当に貴重な経験をさせて頂けたと感謝しております。

　この出版をきっかけに大きな広がりも見せています。出版をきっかけに様々な方々に出版についてお知らせしたところ、行政書士業務に役立つような方をご紹介頂くことが相次いだり、前著についての講演する機会をたくさん頂いたり、初めてお会いする方との会話が弾むきっかけになったり、出版をしたということである意味「名刺代わり」のような効果ももたらしたりしてくれています。

　私が小学4年生の時の担任の先生は、当時、私に読書感想文（確かメジャーリーガーの「ベーブルース」についての本でした）の指導を熱心にしてくださり、今でも交流があるのですが、前著を読んでくださりメールで私宛てに「読書感想文」を送ってくださったのは、嬉しいと同時に何か面白いシチュエーションだと感じました（読書感想文を指導してくださった先生が、三十数年の時を経て出版本の読書感想文を書いて送ってくださったんですよ！）。思えば、あの時先生が指導してくださったからこそ、自分の文章に少しずつ自信が持てるようになり、文章を書くことが苦ではなくなったのだと思います。先生には本当に感謝しています。

　ちなみに、今回の執筆にあたって改めて前著を読んでみましたが、自分で読み返しても面白いし、裁判所のことについて幅広く触れられていて、みなさんに読んでほしいなと改めて感じました（笑）。まだお読み頂いていないみなさまには、本書と併せてぜひご一読頂ければ幸いです。

中村　圭一

さらに、あとがきにかえて　その後の私

開業当初は、前職での人脈が生かせるわけでもない状態で、まさにゼロからのスタートでしたが、様々な出会いや活動を通じて、仕事に結びついています。様々な会合等に顔を出した甲斐あって、現在では、かなり多くのみなさまと交流させて頂くこともできています。

そして、面白いことに、その繋がった人脈がまた枝分かれするように広がりを見せ、様々なコラボなどをすることにもなるなど、公務員時代には絶対経験することができなかった面白さを経験しています（あるご縁から、認定ＮＰＯ法人の理事も拝命しています）。

最近、ふと気付いたのですが、大学時代も同じような状況だったなと思いました。地元を離れ、訪れたこともない土地に住み、知り合いが同級生には１人もおらず、中学・高校が一緒の１つ上の先輩しかいないという状態からスタートしました。

最初は、高校からの内部進学生の団結力のすごさに圧倒されながらも、授業、サークル、アルバイトなど様々な活動に積極的に顔を出し、徐々に友達の輪が広がっていき、大学生活を思いっきり満喫し、卒業時にはかなりの人脈を築き上げていた大学生活の過程にすご

く似ているなと感じています。

授業に関する情報もかなり入手できるようになり、あまり授業に参加せずとも優を30個以上取得して、3回生まででゼミ以外の全ての単位を取得し、かなり楽に卒業できました。

第十何志望の大学でしたが、かなり楽しみながら貴重な体験をすることができました。この学生時代と同じように、自分らしく、行政書士としても十分楽しんでいきたいと思っています。

行政書士業務をしていく上で改めて感じているのは、20年間の裁判所生活では、つらいこともたくさんありましたが、多種多様で貴重な体験をさせて頂けたということです。20年間でなかなかここまでの経験できる人間は少ないと思います。だからこそ、早期に退職することは恩を仇で返すことになるのではないか？（大分オブラートに包んでいるとはいえ）ありのままの事実を出版して伝えてもいいのか？という思いにも直面しましたが、一生に一度の自分の人生だから悔いのないようにしよう、一般の人が知りえない体験を伝えるのは自分の使命ではないか、という思いから実行に移しました。

現に、出版してかなり多くの方に喜ばれているので決断して本当によかったと思っています。

ちなみに、ほとんど人に話したことはありませんが、途中で一度だけ転職しようかと思ったことがありました。それは、現在の「東北楽天ゴールデンイーグルス」が新設され、球団職員を募集していたときです。私は、現在の「埼玉西武ライオンズ」ファンですが、パ・リーグ自体が好きですし新たな球団の創設に関われるすごいチャンスということで、結構考えたりもしました。採用試験に合格して決断していたとしたらどうなっていたのでしょうね。ちなみに、大ファンである、埼玉西武ライオンズの球団職員の話が来たら、今でも決断するかもしれません。オファーお待ちしています（笑）。

今後は、自分のやりたい仕事や趣味をしながら、自由な時間を持ちつつ、生活していければそれでいいと思っています。その結果として、多くのみなさんのお力になれたら大変嬉しく思います。

こう思っていたのですが、行政書士の大先輩である、とある先生と出会うことができ、人生のお話をたくさんお聞きする中で、自分ももっと色々なことにチャレンジしたいと思うようにもなりました。先生は40代半ばまで、一流企業で勤務し海外を飛び回るような充実した仕事をされていたそうですが、家庭の事情で故郷に戻り、社会保険労務士と行政書士でリスタートすることになります。

その後も、人生が二度あるかのように、外国人ビザ等の分野では第一人者となるようなご活躍をされたり叙勲も受けられたりと現在でも精力的に活動をされていらっしゃいます。

その先生とお会いして話をお聞きするたびに、行政書士としてこんなこともできるのかと驚くばかりで、私もいつもやる気や勇気を頂いています。これからも一緒にお仕事をさせて頂きたいですし、私も負けないように様々なことにチャレンジしていきたいとさらに目を輝かせているところです。

先生との出会いも、前著の出版がきっかけでした。これまた以前偶然お知り合いになった元中学校の校長先生に、本を出版しましたと久々にご連絡したところ、その先生をご紹介頂き、様々なご縁に繋がっていき、さらなるご縁が広がり続けているというわけです。このような経験がたまらなく楽しいです。

それに加えて、最初は自宅兼事務所でスタートしましたが、もう少しこの最高の状態を続けて、もう二度と味わえないであろう自由さを満喫したら、事務所を開いて事務員さんも雇っていきたいと考えています。その後は、事務所を徐々に拡大し、新人行政書士を雇って育成し、行政書士の地位等の向上に現場から貢献していきたいと考えています。

また、様々な方からの様々なオファーに十分に応えていける体制を整えたいと思っています。さらには、海外旅行や国内旅行や食べ歩きなどの趣味を自由にやっていければ十分だし、言うことありませんね。

退職後は、とにかくよく眠れるようになりましたし、ヤケ酒もかなり減ったので（笑）お酒の量も大分減りましたし、簡単に以前より痩せている状態をキープできています。これまでは意識してもなかなか難しかったことがいとも簡単にできるようになりました。きっとストレスの影響だったのでしょうね。

月曜日は、「よし、また新たな1週間が始まるぞ！」と前向きな気持ちで臨めますし、金曜日になると「もう、金曜日になってしまった。時間が経つのは早いな。もっと有効に使わなければ」と自然に思えるようになっています。

その他にも、退職後に始めたＳＮＳも、InstagramとTwitterを併せると2万人以上のフォロワーがいますし、ラーメン店がオープンすると「ぜひ食べにきてください」というオファーも来るようになりました。「ラーメンウォーカー九州２０２３」にもコラムを載せる依頼が来ましたし（18ページに掲載）、「麺スタグラマー」として紹介されています（笑）。

最近、あまりに色んな人に、「おすすめのラーメン屋はどこですか？」と会う度に聞かれるので、福岡のおすすめのラーメン屋（豚骨と非豚骨に分けたもの）リストを持ち歩いて配るようにしています。かなり喜ばれていますが、これも裁判所時代にランチマップを作って配布していた感じと似ていますね（笑）。

今後も、やりたいと思うこと、自分がやるべきだと思うこと、自分が必要とされていること、楽しいと思うことなど、様々なことにチャレンジし続けていきたいと思っています。

最後に、２０２３年度の東大の入学式での言葉がネットに載っていたのですが、私が独立・開業するに至った思いをまさに表していると思うので、ご紹介させていただきたいと思います。

・「〈夢について〉好きなことをやってないと、幸せの尺度が「自分が他人にどう評価されているか」になってしまう。それではうまくいかないときには持たないです。他人の評価を気にする他人の人生ではなく、自分がやりたいことに突き進む人生を生きてください」

・「〈人生のリスクについて〉時間がすごく限られている中で、考えるべきリスクは、何かに失敗するリスクではなくて、難しい挑戦に踏み込まないことで、成長できず、なりたい自分になれないリスク、世界に対してしたい貢献ができないリスク、行動を起こさずに「現状に留まることのリスク」だと思います」

本書を最後までお読みいただき感謝申し上げます。皆さまの一層のご健勝を祈念しながらお開きとさせていただきます。

中村 圭一

◆著者略歴

中村 圭一（なかむら けいいち）

昭和49年生まれ。

福岡市出身。福岡県立筑紫丘高校卒業。同志社大学商学部卒業。

現在、行政書士（特定行政書士・申請取次行政書士）。

20年間の裁判所勤務中は、最高裁判所、福岡高等裁判所、福岡地方裁判所、福岡家庭裁判所、佐賀地方裁判所などに勤務。主任書記官、課長補佐、裁判所書記官、係長、調査員、裁判所事務官などを歴任。

趣味は、野球観戦（埼玉西武ライオンズファン歴約40年）、食べ歩き（グルメ中心のSNSのフォロワーは合計2万人以上（令和5年5月現在））、旅行（大学在学中は、観光論の「玉村和彦ゼミ」に所属）、バレーボール、お酒（日本酒の学校「神田和泉屋」出身）、読書、将棋（アマ3段）など多彩。

【中村圭一行政書士事務所】（福岡県大野城市）
https://k1k1k1.net
※「中村圭一　行政書士」で検索

じつは裁判所ってこんな所なんです！

PART2

2023年6月2日　初版第１刷発行

著　者　中村 圭一
発行者　池田 雅行
発行所　株式会社 ごま書房新社
〒167-0051
東京都杉並区荻窪4-32-3
AKオギクボビル201
TEL 03-6910-0481（代）
FAX 03-6910-0482
カバーデザイン　（株）オセロ 大谷 治之
DTP　海谷 千加子
印刷・製本　精文堂印刷株式会社

ISBN978-4-341-08835-4 C0095